ÉDUCATION
RÉCRÉATION

LES ARTS
DE L'AIGUILLE

LES

ARTS DE L'AIGUILLE

BRODERIE, TAPISSERIE, DENTELLE

SÉRIE IN-4° ALBUM

Modèle de broderie Richelieu pour napperon, mystère, drap, etc.
(1/2 grandeur naturelle.)

6

LES
ARTS DE L'AIGUILLE

BRODERIE — TAPISSERIE — DENTELLE

PAR

Melle ARDANT et Mme de GRAND'MAISON

Lauréates de l'Académie française

DIX-HUIT GRAVURES

LIBRAIRIE NATIONALE
D'ÉDUCATION ET DE RÉCRÉATION

Elle ouvre un atelier, (page 11).

LES

ARTS DE L'AIGUILLE

BRODERIE, TAPISSERIE, DENTELLE

Les bienfaits de l'aiguille : ses origines, sa fabrication. — Corporations d'aiguilliers. — Le secret de Mackensie. — L'aiguille moderne. — Son utilité. — La couture. — La broderie. — La tapisserie. — La dentelle : Madeleine Didion.

A première arme, à la fois piquante et pacifique, qui est mise aux mains de la femme, c'est l'aiguille. Arme défensive, avec laquelle cette reine du foyer domestique combat l'oisiveté, dite, avec raison, la mère de tous les vices. Arme précieuse, qui lui sert surtout à conquérir bien des modestes et indispensables qualités.

7

De même qu'en berçant sa poupée, la petite fille fait en son cœur l'apprentissage du plus haut sentiment qui existe au monde, l'amour maternel, de même, en l'habillant, en la parant, cette fillette forme son goût, s'exerce à la patience, à l'ordre, à l'activité, à l'amour du travail enfin, qui fera plus tard de l'enfant une bonne-fée, gardienne de ce *home* familial qu'elle songera toujours à embellir.

En dehors de ces bienfaits, que de femmes doivent à l'aiguille leur pain quotidien, le moyen d'existence de leurs enfants, leur rang dans la vie, leur indépendance.

L'aiguille est donc l'instrument féminin par excellence, et c'est à une femme que le *Dictionnaire des Origines* en attribue l'invention, dans l'antiquité grecque et romaine.

Jusqu'à ce moment on n'avait comme aiguille que des morceaux d'os, d'épines ou d'arètes de poisson dont on perforait le gros bout.

Outre que ce genre d'outil était peu commode, il pouvait être parfois dangereux. Ne montre-t-on pas dans l'abbaye de Westminster, à Londres, le tombeau d'une grande dame, qui mourut d'une simple piqûre d'aiguille?

Pourtant c'est l'Angleterre qui, dans les temps modernes, a la réputation d'avoir fabriqué les premières aiguilles de fer, vers le milieu du xvi⁰ siècle. Elle aurait tenu le procédé d'un Indien, d'autres disent d'un Maure d'Espagne, dont le secret se serait trouvé enterré avec lui. Un Anglais, Christophe Greening, l'aurait exhumé quinze ans plus tard.

Cela n'empêchait pas, dans l'intervalle, la nation anglaise de pratiquer l'industrie de l'aiguille d'après de vieilles méthodes, puisque plusieurs établissements aiguilliers y existaient dans le comté de Warwick dès le xiii⁰ siècle.

D'autre part, l'historien Pope donne sur cette fabrication des détails intéressants :

« Il n'est pas douteux, dit-il, que les premières aiguilles régulières n'aient été fabriquées avec un métal battu et étiré. Il semble bien que, façonnées d'abord au marteau sur l'enclume, en forme de broche allongée, elles étaient finalement munies, par un recourbement de la tige, d'un œil dans lequel on pouvait passer le fil. Mais la dureté et la raideur convenables, le poli et le décroissement de diamètre nécessaire entre l'œil et la pointe manquaient encore à ces aiguilles. Ce fut seulement au commencement du xive siècle, lorsqu'on eut inventé l'art d'étirer le métal et de le passer à la filière qu'on fut en état d'apporter plus de perfection à leur fabrication. On employait le fil d'archal en le coupant avec des ciseaux, suivant la longueur des aiguilles; une des extrémités de ces tronçons était épointée et l'autre aplatie, pour que l'on pût y pratiquer plus facilement une ouverture.

» Cette ouverture consistait d'abord en une fente que l'on déterminait par une double coupure pratiquée simultanément des deux côtés et dans laquelle on entrait le fil. Cette espèce d'aiguille portait, en allemand, le nom de *glufen*. La ville d'Augsbourg avait encore au xve siècle des faiseurs de glufen. Cependant on avait trouvé qu'il était meilleur et plus commode de percer l'ouverture à l'intérieur, sauf à la finir à la lime s'il le fallait. »

Pendant que ces modifications s'opéraient peu à peu, il se formait, en France aussi bien qu'en Allemagne, des corporations d'aiguilliers, qui avaient leurs armes et leurs statuts spéciaux. D'après ces derniers, nul ne pouvait être reçu maître avant l'âge de vingt ans. Il devait avoir fait un apprentissage de cinq ans; puis servi les maîtres pendant trois ans, et enfin confectionné un chef-d'œuvre.

Malgré tout cela, les aiguilles de nos aïeules restaient grossières et de manipulation difficile. Ce n'est qu'au xviiie siècle qu'elles allaient recevoir des améliorations. On raconte à ce sujet une anecdote amusante :

Un certain Mackensie, fabricant et auteur de ces améliorations, voyait ses affaires péricliter. Poursuivi par un créancier récalcitrant, il n'entrevit d'autre moyen d'échapper à celui-ci que de lui livrer son secret.

L'homme aussitôt l'exploita; mais il ne devait pas non plus le conserver.

Dans une nuit sombre, un de ses clients, voulant le lui ravir, usa d'un moyen peu délicat. Il appliqua une échelle contre la fenêtre de l'atelier du nouveau fabricant, afin de le regarder travailler. Après plusieurs heures d observation, le traître connaissait le fameux procédé de Mackensie, et allait s'empresser de le vulgariser.

A l'époque de la Révolution française, un grand nombre de moines aiguilliers, disséminés un peu partout, répandirent leur industrie. C'est alors que fut fondée à Laigle, en Normandie, la première manufacture d'aiguilles. D'autres suivirent, et, de progrès en progrès, la France arriva à ce degré de perfection, dont l'Angleterre seule a pu partager la renommée, par la souplesse et le poli de ses produits.

Combien sont variés et parfois merveilleux les partis que l'on tire de ce mignon instrument de travail !

Sans parler de la simple couture, au moyen de laquelle on confectionne le linge et les vêtements usuels, bien des travaux sont offerts au choix des ouvrières de l'aiguille. On pourrait même prétendre que, depuis l'invention de Timonnier, ces sortes de confections sont devenues, pour la plupart, du ressort de la machine à coudre, remplaçant souvent le travail à la main.

Mais il reste et restera toujours à l'aiguille un champ privilégié, domaine choisi dont aucune machine ne pourra ni la détrôner ni l'expulser, celui de l'Art sous ses diverses formes.

La broderie, la tapisserie, la dentelle ne lui permettent-elles pas, à l'infini, les fantaisies les plus originales et parfois les plus inimitables ?

Ces productions artistiques de l'aiguille, si pleines d'attrait, toute jeune fille doit désirer les connaître pour s'en faire soit un agrément, soit une ressource. On serait tenté d'ajouter : peut-être une fortune, si on se rappelait l'exemple de Mme Didion, cette Nancéenne du dernier siècle, devenue justement célèbre parmi les brodeuses du monde entier.

Cette histoire mérite d'ailleurs vraiment d'être citée.

Madeleine Didion, entrée à 15 ans dans un magasin de broderie, s'y était, jusqu'à l'âge de 26 ans, fait remarquer par sa bonne conduite et la pratique de toutes les modestes vertus journalières.

Un malheur alors la frappa : elle perdit son père.

Madeleine sentit que, seule, elle devrait désormais subvenir aux besoins de sa pauvre mère et d'un frère malade. Ses gains d'ouvrière n'y pourraient suffire. Possédant à fond la connaissance de son métier, artiste même, elle songe à s'établir. Tout son avoir ne dépasse pas 800 francs, péniblement amassés. C'est peu de chose ! Qu'importe ! Le courage suppléera au manque d'argent !...

Elle ouvre donc un atelier à son compte. Son goût et la forte impulsion donnée alors au travail de la broderie concourent au succès de l'entreprise. Les progrès sans cesse réalisés attirent l'attention non seulement sur la maison Didion, mais sur toute la ville de Nancy qui, de ce fait, se met à broder pour la France, l'Europe et le Nouveau-Monde.

Le prix de ces broderies s'élève bientôt à plusieurs millions par an ; et, au bout de dix années, le modeste pécule de 800 francs avait, assure-t-on, rapporté à sa propriétaire le joli chiffre de 250.000 francs.

Madeleine Didion était patriote. Autant que son art, elle aimait son pays. Aussi, en mourant — trop jeune, hélas ! — légua-t-elle sa fortune à sa ville natale, à la condition que les jeunes garçons ou jeunes filles pauvres, qui voudraient s'adonner à la broderie, travailleraient pendant cinq ans aux frais de la donatrice, soit à Nancy, soit à Lyon ou à Paris, afin d'acquérir tous les perfectionnements et procédés nouveaux, pour venir s'établir ensuite à Nancy. Car elle mettait son orgueil à voir toujours briller au premier rang, dans son pays, l'art dont elle l'avait si heureusement doté.

Une telle vie n'est-elle pas faite pour encourager les talents naissants, et exciter à approfondir tout ce qui se rapporte à un travail si séduisant par lui-même, et en même temps si productif, puisqu'une simple femme a su en retirer un aussi beau succès ?

Chasuble décorée de fleurons brodés en relief (XVIIᵉ siècle).

Au xive siècle, (page 21).

PREMIÈRE PARTIE

LA BRODERIE

RODER, c'est orner un tissu de dessins à l'aide d'une aiguille. Le mot « broder » vient d'un terme celtique « brozd » qui signifie « pointe ». Dans la broderie au crochet, l'aiguille est remplacée par le crochet.

Parler de broderie, c'est évoquer tout d'abord à notre esprit les festons et les œillets de la « broderie blanche », c'est-à-dire de la broderie exécutée en blanc sur des étoffes blanches. Ce genre de broderie est le plus répandu de nos jours, mais ce n'est ni le plus ancien, ni peut-être le plus artistique. Si la broderie blanche, avec ses jours délicats et ses fins reliefs, peut se comparer à un dessin sur toile, les différents genres de « broderie de couleur » sont comme des peintures d'or ou de soie : l'aiguille est le pinceau de la brodeuse et les soyeux écheveaux, ses couleurs. La broderie blanche se répandit vers le XVe siècle ; longtemps auparavant, la broderie de couleur était employée à la décoration des vêtements et du mobilier. C'est ce que nous allons voir dans l'histoire de la broderie.

I. — Histoire de la Broderie

Antiquité de la broderie. — Le tissage. — La broderie dans les civilisation orientales, chez les Egyptiens, les Grecs, les Romains. — La broderie dans les monastères et les châteaux du moyen âge. — Les artisans. — Influence des croisades sur le développement du goût de la broderie. — Influence de la Renaissance sur son essor. — Broderies de couleur et broderies blanches. — Les reines brodeuses. — Décadence de la broderie pendant les troubles révolutionnaires. — Le XIXe siècle : sa vulgarisation. — Les centres de l'industrie de la broderie blanche en France. — Broderie de couleur de l'Orient. — Les Ecoles professionnelles. — Broderie à la main et broderie mécanique.

 A première pensée, suggérée par ce titre, pourrait être qu'il s'agit de l'histoire d'un art tout à fait moderne, étant donné l'outil rudimentaire dont on disposait dans l'antiquité.

Ce serait une erreur. La broderie, consistant à faire des dessins ou des reliefs sur un fond quelconque, remonte à la plus haute antiquité. Elle est, assure-t-on, contemporaine des débuts de la couture.

Quoi ! l'on brodait avec des aiguilles d'os ? — Oui, sans doute, et sur les peaux de bêtes ou les écorces, qui composaient alors les vêtements ; et ce sont les boyaux séchés des animaux qui servaient de fil.

Il paraît naturel de penser que les peuples primitifs ont agrémenté d'abord de points grossiers ces rudes vêtements, ne fut-ce que comme un signe distinctif entre les tribus. On cite même certaines peuplades d'Afrique où les jeunes filles à marier se brodaient sur la peau des décorations de couleur.

Des joncs, des coquillages et les griffes de certains animaux furent employés pour rehausser les premières broderies.

Mais la véritable apparition de la broderie ne date que de l'époque où on put l'exécuter sur de l'étoffe, c'est-à-dire de la découverte du tissage. Les anciens peuples civilisés furent rapidement fort habiles dans l'art du tissage.

Les premiers fils employés, aussi bien pour les tissus que pour les broderies, furent la laine, le lin, le coton et ensuite la soie ; mais bien plus tard. En effet, dans les cinq premiers siècles de l'ère chrétienne, la soie était encore hors de prix. Témoin cette anecdote rapportée par l'histoire : l'empereur Aurélien refusa une robe de soie à l'impératrice, son épouse, parce que l'étoffe en était trop chère.

Pourtant, plus de trois mille ans avant notre ère, les Chinois tissaient la soie et s'exerçaient à la broder. Dans des ouvrages historiques récents, on rencontre la description de soieries, finement brodées, offertes par les habitants du Céleste-Empire à leur empereur. Mais ils monopolisaient jalousement ce produit.

En revanche, les Hébreux, les Assyriens, les Perses et les Egyptiens excellaient de longue date à tisser le lin et même à le broder, ainsi qu'en font foi quelques vêtements retrouvés sur des momies égyptiennes, dont on peut voir des fragments au musée des Arts décoratifs, à Paris.

Certains personnages de sculptures assyriennes sont aussi représentés vêtus de tissus brodés.

La Bible parle souvent de broderies : « Moïse fit faire pour le Saint des Saints, un voile en lin brodé de figures de chérubins de couleurs pourpre, violette et cramoisie. »

D'autre part, il prescrivait d'orner le tabernacle de rideaux de lin brodés ; et le grand-prêtre portait, brodés sur ses vêtements, les mots « Justice et Vérité ».

Le temple de Salomon était également orné d'un voile de pourpre et d'azur sur lequel figuraient des anges. Pour rehausser les broderies, on utilisait des plaques et des fils d'or.

Plus tard, le prophète Ezechiel, au vie siècle avant Jésus-Christ, en parlant de Tyr, signalait les voiles de broderie suspendus aux mâts des vaisseaux.

Plus tard encore, l'historien Josèphe, un siècle après Jésus-Christ, disait que les ceintures des prêtres étaient ornées de fleurs brodées en rouge.

En Chaldée, Babylone était célèbre par ses tentures, ses broderies de

couleurs éclatantes ornant les grands monuments et les temples. Seulement, leur prix élevé en faisait des dons magnifiques, princiers !

De l'Asie, bien des coutumes passèrent en Europe. Les Grecs, après
leurs longues luttes avec les Perses, imitèrent le luxe de leurs adversaires
pour les beaux tissus et les riches broderies. Mais depuis longtemps déjà
la broderie était en honneur chez eux ; ils en attribuaient l'invention à
Minerve. La mythologie ne raconte-t-elle pas que la pauvre Arachné,
ayant osé rivaliser avec la superbe déesse, fut changée en araignée ?

En réalité, cet art leur venait des Egyptiens.

Les femmes grecques tissaient et brodaient les vêtements et les tentures
des sanctuaires. Dans les épopées d'Homère, nous voyons Andromaque
occupée à broder une toile de pourpre ; Ulysse se drapait dans un manteau
rouge sur lequel brillait un limier d'or tenant un faon entre ses pattes. La
difficulté du sujet témoigne de la perfection de la broderie à cette époque.
Aux fêtes de Minerve, aux Panathénées, on portait en procession à la
grande déesse de la Sagesse une pièce de laine jaune safran, destinée à
recouvrir sa statue. Sur ce voile, de jeunes Athéniennes avaient brodé un
tableau des diverses institutions qui lui étaient attribuées.

Appliquée d'abord sur des tissus serrés, lainages, toiles, la broderie le
fut ensuite sur les mousselines et les gazes transparentes de l'Orient.

Lucain, l'auteur de la *Pharsale*, décrit les voiles brodés de Cléopâtre.
Ces tissus venaient de l'Inde et étaient fort en usage.

Au temps de Lucain, c'est-à-dire au premier siècle après Jésus-Christ,
Rome, après avoir étendu sa domination en Orient, se vit conquise à son
tour par les mœurs asiatiques : le luxe remplaça la simplicité antique. Les
vêtements brodés eurent une grande vogue, et la décoration des salles à
manger fut d'une incroyable richesse. Caton dépensa 150.000 francs pour
orner son triclinium ou salle de festin, de tentures de Babylone, et plus
tard Néron en acquérait pour 800.000 francs.

Pline l'Ancien mentionne les broderies de Phrygie, célèbres à cette époque ; elles s'exécutaient en fils d'or et de laine.

Après s'être approvisionnés en Orient, les Occidentaux produisirent
eux-mêmes des tissus brodés. Chez les Romains, la broderie tendit plus à

la richesse qu'à la beauté. Jusqu'au III⁰ siècle, les empereurs avaient porté une simple tunique de pourpre. Aurélien la fit décorer d'or, de perles et de pierreries.

Le goût de la broderie, et de la broderie rehaussée d'or et de pierres précieuses, grandit encore sous l'empire de Byzance. On l'employa même pour les harnais des chevaux.

Ce luxe tomba dans l'exagération : les vêtements prirent l'aspect de tentures exposées aux regards des passants.

L'étude des broderies byzantines est facilitée par les spécimens découverts dans les tombeaux égyptiens. En effet, les artisans de l'Egypte, célèbres par leur habileté dans le tissage, la broderie et la tapisserie, travaillaient pour Byzance ; ils suivirent ses modes et s'inspirèrent de son goût.

La base de l'ornementation est alors la fleur stylisée unie à des dessins géométriques. La décoration des coussins, des tuniques, des manteaux, se montre très variée et souvent heureuse.

Tant que la soie se vendit, ou mieux s'échangea, au poids de l'or (livre pour livre), les broderies de soie furent rares. La vulgarisation de celle-ci, au VI⁰ siècle, contribua à donner aux travaux de ce temps plus d'éclat et de finesse.

Au VII⁰ siècle, les broderies perses et byzantines présentent les mêmes caractéristiques : dessins géométriques répétés, disposés en semis, fleurs stylisées, c'est-à-dire ramenées à des formes très simples. On y voit aussi des animaux, des guerriers, des scènes de chasse.

Malgré la décadence de l'empire de Constantinople, la broderie, comme les autres traditions artistiques, se maintint, soit en Grèce, soit en Italie, où l'art byzantin inspira l'art roman.

Un de ses chefs-d'œuvre est encore conservé dans le trésor de Battenberg (Allemagne). C'est un véritable tableau à l'aiguille, d'une remarquable netteté. Il représente Constantin recevant l'hommage de l'Orient et de l'Occident, personnifiés par deux reines.

⁕

Tandis que l'empire d'Orient déclinait peu à peu, l'empire d'Occident était tombé dès le v° siècle sous les coups des barbares, et les peuplades de la Germanie s'étaient établies sur ses ruines.

Leur éducation fut longue : les premiers siècles du moyen âge (VII° et VIII° siècles) restent des périodes de travail obscur, mais fécond.

La civilisation romaine ne périt pas.

La broderie, comme les autres arts de l'antiquité, fut conservée dans les monastères, puis lentement enseignée aux populations groupées à l'entour. Le monastère de Saint-Gall, fondé en Suisse au VII° siècle, abritait de vastes ateliers de broderie.

Sous le règne civilisateur des Carolingiens, les travaux de broderie s'étendirent des monastères dans les cours : Berthe au grand pied, mère de Charlemagne, exécutait des broderies remarquables, et sainte Gisèle, sœur de l'empereur, enseignait la broderie aux religieuses des couvents.

Ce grand empereur, qui s'exerçait à écrire le soir des batailles, ne dédaignait pas de reposer ses pieds dans des chaussures brodées.

Pendant la période de l'art roman, la broderie était assez développée pour servir de modèles aux artistes dans la sculpture de leurs frises.

De plus, les personnages sculptés aux portails des églises sont revêtus de vêtements brodés, où l'on retrouve la trace des traditions orientales.

Les spécimens de cette époque sont nombreux : chasubles, mitres, etc., et parfois vraiment remarquables. Ceux qui sont parvenus jusqu'à nous engagent à conclure que la broderie marchait alors de pair avec l'ornementation des manuscrits et des vitraux. Il était très commun, en effet, de voir des peintres, qui décoraient les manuscrits, composer des modèles pour les brodeurs.

Ceux qu'intéresse l'histoire de la peinture, ne doivent donc pas oublier l'étude des broderies, qui en sont le corollaire.

Les loisirs de la vie monastique et les passe-temps sédentaires des châteaux permettaient aux religieuses et aux dames nobles, d'acquérir une grande habileté dans les travaux d'aiguille, habileté qui, de nos jours, n'a pas été dépassée.

La broderie était arrivée au moyen âge à un grand degré de perfection.

On choisissait toujours alors des sujets religieux ou chevaleresques ; et si on passait en revue les divers spécimens de broderies de cette époque, qui peuvent être attribuées à la France, on en rencontrerait de superbes exemplaires.

L'œuvre la plus considérable de la première partie du moyen âge est la fameuse « Tapisserie de Bayeux », attribuée à la femme de Guillaume le Conquérant, et conservée au musée de la ville. Elle mesure 70 mètres de long sur 2^m,50 de large, et représente la conquête de l'Angleterre.

L'ampleur du sujet et des dimensions a fait donner à cette broderie le nom de tapisserie; et la précision des détails en constitue un document historique de grande valeur.

Il faut néanmoins reconnaître qu'au point de vue artistique elle manque de proportions et de perspective, ce qui décèle la naïveté de la conception.

Citons encore un parement d'autel, conservé au musée du Grand Jardin, à Bade. Au milieu est représenté le couronnement de la Vierge; saint Jean l'évangéliste est à droite, et saint Jean-Baptiste à gauche du Christ.

Nous pouvons aussi signaler une aumônière du trésor de la cathédrale de Troyes; la niche de Jean de Marigny, à Evreux; celle de Philippe de Dreux, à Beauvais.

On le voit donc, peu à peu l'éducation des peuples barbares produisait ses fruits, et, après quelques siècles de labeur sans éclat, les travaux intellectuels et artistiques de l'antiquité allaient être continués.

La philosophie et la littérature produisaient de belles œuvres, l'architecture élevait ces cathédrales gothiques, si grandes dans leurs proportions, si délicates dans leurs sculptures; et, à côté, l'art plus modeste de la broderie faisait aussi des progrès.

Tandis que les seigneurs s'entouraient de jeunes pages, les chatelaines réunissaient près d'elles les filles des chevaliers, et leur apprenaient à faire voler l'aiguille en chantant.

Les anciennes poésies nous montrent la broderie en grand honneur dès le XIIe siècle.

C'est ainsi que dans le roman de Perceval, l'un des plus longs du cycle

de la Table-Ronde, une jeune fille montre à Gauvain, qui se fait connaître
à elle, une broderie sur laquelle il se trouvait représenté. Le poète a bien
soin de nous dire :

> « Si proprement avait pour traite
> » L'ymeje à lui et semblant faite,
> » Que nulz homs du mont n'y fausist.
> » A lui connoistre, qui veist,
> » La pourtraiture et lui semble ;
> » Si très finement le ressemble. »

Après les charmants trouvères qui peignent leurs héroïnes occupées à
broder, et dont ils décrivent souvent les travaux d'aiguille, différents pas-
sages d'inventaires des XIVe et XVe siècles nous prouvent la grande quantité de broderies exécutées en France au moyen âge. Pour la décoration,
elles prirent successivement les différents styles.

Les brodeurs et brodeuses formèrent des corporations, qui durèrent en
France jusqu'en 1789. Le livre de Vaille, en 1313, nous donne les noms de
quinze brodeurs ou brodeuses. Dans cette corporation, l'apprentissage
durait six ans ; la maîtrise coûtait 600 livres et saint Clair était le patron.
Pour passer maître, il fallait présenter, comme chef-d'œuvre, un tableau
de plusieurs figures, si le compagnon n'était pas fils de maître !

Les brodeuses se divisaient en maîtresses et en « grenouilles », c'est-à-
dire en apprenties, qui, vu leurs modestes ressources, ne buvaient que de
l'eau, comme les batraciens du même nom. Ainsi s'explique ce singulier
surnom !

Les corporations veillaient jalousement à la bonne qualité des matériaux
employés ; et, en 1551, les statuts des brodeurs parisiens interdirent le
mélange des applications d'étoffe aux broderies d'or fin.

Le roi avait ses brodeurs, et l'importance continue de la broderie per-
pétua cet usage jusqu'au XVIIIe siècle. De même, toute maison seigneuriale
comptait un brodeur parmi ses gens.

Un événement fécond en résultats de tous genres, les croisades, était
venu accélérer les progrès de la broderie et répandre en France le goût
des productions orientales.

Les tissus et les broderies, rapportés de Constantinople, introduisirent dans les châteaux des habitudes plus luxueuses. La broderie, encore peu employée en dehors des églises, fut amenée par les nouveaux usages à une production plus large et plus variée, enrichie par l'imitation des décors byzantins.

Au xiv⁰ siècle, on l'employa pour les blasons et les bannières des seigneurs. Sous Charles V., les gentilshommes portaient leurs armoiries peintes ou brodées sur leurs habits, et le corsage des dames était orné, à droite, de l'écusson de leur mari, et, à gauche, du leur.

L'exécution de sujets aussi minutieux exigea plus de variété dans les procédés de broderie. Aussi à côté du point plat, du point de chaînette, du point de figure (dont nous parlons plus loin) apparaissent : le plumetis, le point sablé, les points damassés, qui sont encore employés dans la broderie blanche.

Les brodeurs avaient recours aussi à l'application de motifs découpés et brodés à part, et qu'on fixait sur le tissu.

Sous Philippe le Bel, la broderie obtint un succès croissant. Elle supplanta les fourrures dans l'habillement, recouvrit les livres d'une reliure en harmonie avec les patientes enluminures du texte, égaya les aumônières suspendues à la ceinture. Les gants, au xv⁰ siècle, et même les bas et les chaussures furent ornés de broderies.

L'Italie entrait alors dans cette période féconde et brillante, connue sous le nom de Renaissance. Les artistes byzantins, chassés de Constantinople par les Turcs, hâtèrent l'épanouissement du moyen âge, et l'Italie devint le berceau du grand mouvement intellectuel et artistique qui s'étendit successivement dans les autres pays de l'Europe.

Grâce à la protection des papes et des princes italiens, les ateliers de Florence, de Venise, de Gênes et de Milan produisirent des œuvres d'une grande perfection. Les broderies plates du moyen âge furent remplacées par des ouvrages rehaussés de reliefs, simulés par la diversité des couleurs et la variété des points. Dans les corporations l'image, que le futur maître devait exécuter, était alors très difficile à façonner.

Les plus grands artistes dessinèrent des modèles pour les brodeurs : c'est ainsi que Raphaël esquissa une chambre pour François Ier.

A côté de l'Italie, l'Espagne avec ses procédés d'origine arabe, la Flandre avec ses riches couleurs produisirent également de belles œuvres.

En France, Louis XI attira des ouvriers italiens à Tours, et Charles VII, séduit par tout ce qu'il voyait dans les pays qu'il venait conquérir, ramena des brodeurs parmi les artistes qu'il réussit à s'attacher.

L'engouement des xve et xvie siècles pour la broderie la fit sortir de son rôle modeste d'art décoratif.

Les tableaux brodés que conservent l'Espagne, la France, l'Allemagne, montrent que les brodeurs voulurent lutter avec les tapissiers.

Tandis que la broderie de couleur atteignait une grande perfection, la broderie blanche, d'origine récente, prenait une rapide extension. Avant les croisades, le linge était grossier, peu en usage ; mais les goûts de luxe, rapportés d'Orient par les croisés, firent rechercher le beau linge. On broda tout d'abord les fines toiles de Flandre et de Bretagne avec des soies de couleur, puis en blanc. Ce dernier genre était bien plat, et, pour lui donner du relief, on eut recours aux jours, obtenus par deux procédés employés simultanément : le découpage, qui donna la broderie de points coupés, et le tirage des fils, qui produisit la broderie à fils tirés. Le premier de ces procédés consistait à découper certaines parties du dessin, à festonner les contours, puis à exécuter dans les vides de légères broderies aux points de feston, de toile de reprise, etc...

Les rosaces, les roues, les triangles étaient supportés soit par quelques fils du tissu, laissés au milieu des vides, soit par des fils lancés avec l'aiguille. Dans ce dernier cas, la broderie, indépendante du tissu, était une véritable dentelle, et elle fut l'origine des dentelles à l'aiguille.

Dans la broderie à fils tirés, le dessin se détachait mat sur un treillis à mailles carrées obtenu en retirant des fils et en fixant les fils épargnés à l'aide d'un point noué.

Pour éviter aux ouvrières ce travail long et difficile, on tissa des toiles claires appelées « quintin », car c'était en Bretagne, dans une petite ville de ce nom qu'on les fabriquait. Espaçant les fils de cette toile, on obtint une sorte de fin canevas nommé « lacis », sur lequel il devint facile d'exécuter des dessins au point de toile. C'était l'acheminement vers le filet brodé.

Ces différents genres de broderie blanche obtinrent un grand succès : les plus grandes dames du XVIIe et du XVIIIe siècle ne dédaignèrent pas de s'en occuper.

Des reines, comme Elisabeth d'Angleterre, étaient même devenues très habiles dans cet art. Cette dernière broda, en se servant de fils d'or et d'argent, la couverture de quelques-uns des beaux volumes de sa bibliothèque.

En France, au XVIe siècle, les travaux d'aiguille avaient été fort en honneur ; toutes les dames s'étaient mises à broder. Ronsard disait de la reine Marguerite d'Angoulême, sœur de François Ier :

> « Elle adonnait son courage
> » A faire maint bel ouvrage
> » Dessus la toile, et encor
> » A joindre la soie et l'or. »

Catherine de Médicis fut aussi renommée pour son habileté en ce genre. D'après Brantôme, elle réunissait autour d'elle ses filles, leurs cousines de Guise et la jeune et jolie Marie Stuart.

« Tous les après-dîners, dit-il, elles *besognaient* après les ouvrages de soie et s'y montraient merveilleusement adroites. »

Sous Henri IV, la mode revint aux broderies coloriées à grands dessins de feuillage ; et le Béarnais alla jusqu'à acheter un jardin et des serres pour les brodeurs.

Madame de Maintenon brodait remarquablement. Non seulement, dit-on, elle travaillait dans ses appartements, mais même à la promenade.

« A peine installée dans son carrosse, rapporte une lettre du temps, avant que le cocher eût fouetté ses chevaux, la dame mettait ses lunettes et tirait l'ouvrage qu'elle avait dans un sac. »

Les jeunes élèves de Saint-Cyr furent dignes de leur protectrice, ainsi qu'en témoigne une broderie conservée à Fontainebleau.

Cette broderie représente une scène chinoise ; et c'est probablement une imitation des belles broderies chinoises au passé, d'un si merveilleux coloris et d'un dessin si fin, que les Portugais et les Hollandais devaient commencer à répandre, au XVII° siècle, sur les marchés d'Europe.

Louis XIV avait plusieurs brodeurs attachés à sa personne. Les costumes des hommes étaient alors plus chamarrés d'enjolivements à l'aiguille que ceux des femmes.

Sous Louis XV, le bon goût, ou le caprice de Mme de Pompadour, fit la fortune du genre oriental. On envoya des costumes à broder en Chine, et les artistes d'Europe se mirent à rivaliser d'adresse. Avec de la soie, du cordonnet, de petits rubans, ils peignirent de véritables chefs-d'œuvre.

Dans toutes les productions artistiques, la grâce légère remplaçait la majesté du siècle précédent. Ainsi la délicatesse de la broderie au passé s'alliait merveilleusement avec les décors de bouquets et de rubans.

Pour la même raison, la broderie blanche, mise à la mode par Marie Leczinska, atteignit une grande perfection ; car le raffinement des goûts exigea un linge fort luxueux.

Les batistes et les mousselines furent ornées de dessins délicats exécutés au point plat, au feston, agrémentés de points de chaînette, de jours à fils tirés, ou obtenus simplement en serrant les fils. Ces broderies étaient surtout travaillées en Saxe.

A la fin du XVIII° siècle, la broderie subit des atteintes qui minèrent son importance pour des années : d'abord la suppression des corporations, qui facilita la fraude dans la qualité des matériaux, et l'oubli des traditionnels procédés.

Les pillages, qui s'exercèrent sous la Révolution dans les châteaux et les abbayes, firent disparaître nombre de belles broderies ; de toutes ces merveilles anciennes, il reste peu d'échantillons. Puis, il faut reconnaître que les troubles et les dangers de cette période n'étaient point de nature à donner aux femmes de cette malheureuse époque le goût de broder : l'une pleurant un père mort sur l'échafaud ; l'autre, un fils tué à la frontière.

Malgré les efforts de Napoléon Ier pour faire revivre toutes les sources de la prospérité française, la broderie se releva difficilement.

Cependant les dames du Premier Empire portèrent des robes et des écharpes de mousseline brodée ; et, sous la Restauration, sous le Second Empire, la broderie blanche si goûtée au XVIIIe siècle, obtint de nouveau une faveur bien méritée. Les différents types, sous lesquels elle se vulgarisa avec tant de bonheur, apparurent successivement : les broderies au plumetis et à l'anglaise, les broderies Colbert et Richelieu, et la broderie d'application sur tulle.

La broderie de couleur, plus riche, plus luxueuse, par conséquent plus chère, n'obtint pas un succès aussi éclatant. Son exécution est aussi plus difficile. Cependant, les genres anciens se sont conservés, car leur valeur artistique les place au-dessus des caprices de la mode et leur permet de rivaliser avec les plus heureuses innovations : tels sont l'application, le passé, les broderies d'or et d'argent, la broderie au crochet, et aussi les broderies rococo, de perles et de paillettes.

Les principaux centres de production sont, en France, Paris, Lyon, Tarare, Nancy, Lille, Cambrai, Saint-Quentin.

A côté de la France, la Suisse, l'Angleterre, l'Ecosse et l'Irlande tiennent une place importante pour l'exécution de ces broderies blanches, d'un usage courant dans l'ornementation.

La Chine, le Japon, l'Inde, et d'une manière générale, les pays d'Orient, conservent leur préférence pour la broderie de couleur.

La diffusion et les progrès de la broderie sont depuis plusieurs années l'objet de féconds efforts ; les écoles d'arts décoratifs comprennent, à côté de la peinture et du dessin, une section pour l'enseignement de la broderie. Dans certaines villes, les brodeuses assistent à des cours professionnels ; elles peuvent, en outre, admirer et étudier les belles collections réunies dans les musées, ainsi à Paris celles des musées de Cluny ou des Arts décoratifs.

Grâce à ces efforts, des genres de broderies anciennes ont été restaurées, et les motifs de décoration renouvelés, par l'imitation des broderies antiques et l'inspiration de l'art nouveau.

La broderie, dans ses types les plus répandus, convient admirablement au goût délicat de la femme et de la jeune fille, et leur devient une grande ressource, tant pour la toilette, les petits cadeaux, que pour la décoration intérieure. Elle est aussi un métier attrayant, qui peut se faire chez soi.

Toutefois, en bien des cas, cette profession n'est pas assez rénumératrice pour faire vivre une famille, car l'ouvrière ne peut lutter avec la broderie mécanique, qui répand dans le commerce des articles d'un bon marché excessif.

Disons, à ce propos, que la première machine à broder fut inventée en 1821 par un mécanicien français ; et qu'il existe, depuis déjà longtemps, des machines, admirablement perfectionnées pour la broderie blanche et la broderie en couleurs. Mais il est juste d'ajouter que le travail obtenu n'a ni la solidité ni le relief des ouvrages faits à la main ; il manque à la machine l'intelligence et l'âme qui, seules, sont capables d'un idéal artistique.

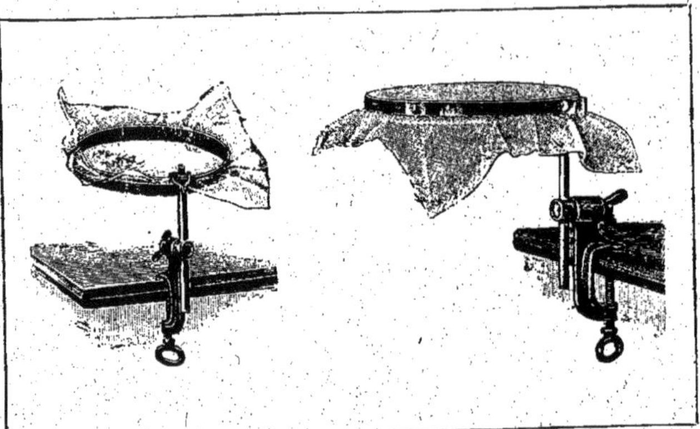

Métier à broder, dit tambour, fixé à un pied.
(Vu en-dessus et en-dessous).

II. — INDICATIONS PRATIQUES SUR L'EXÉCUTION DE LA BRODERIE

Matériaux : La laine, le coton, le lin, la soie. — Outils : Les aiguilles, crochet à broder, métiers. — Préparation : Calque du dessin, décalque et piquage. — Les divers points : Feston lâche, point de feston, point de chaînette, point de trait, point de sable, point d'armes simples, point de cordonnet ou d'œillet, point de tige cordonnet, point coulé, point lancé, plumetis, point noué ou d'armes, point de poste, point de poste bourré, point de croix, point de reprise, point d'épine, point de chausson.

N a présenté dans un concours Lépine, à Paris, une invention permettant de faire de la broderie instantanée, d'une facilité telle que des enfants eux-mêmes peuvent l'utiliser, son emploi ne demandant aucune connaissance technique !

On trouve le dit produit en boîte de 10 francs ou de 5 francs. Mais nous espérons ne pas l'apercevoir dans les mains de nos lectrices. Aussi voulons-nous qu'elles trouvent ici des indications pratiques pour les initier à l'exécution des vraies broderies. Nous espérons leur fournir des données suffisantes sur les principales broderies modernes pour pouvoir en produire elles-mêmes, suivant leurs goûts, leurs aptitudes et l'emploi auquel elles destinent leur travail.

MATÉRIAUX

Ceux-ci sont les mêmes que dans l'antiquité, bien qu'il existe de nos jours des textiles plus nombreux et fabriqués de manières différentes, qui leur font donner de nouveaux noms. Les principales matières employées dans la broderie, soit comme tissus, soit pour le décor, sont toujours : la laine, le coton, le fil de lin et la soie.

La laine. — Nous n'avons pas à définir la laine. Toutes les fillettes qui ont préparé le certificat d'études ont appris, dans les leçons de choses, l'origine et la manipulation de ce bulbe pileux de la peau du mouton, à qui on enlève, chaque été, une toison variant de deux à cinq kilos.

On sait que la laine se distingue des poils par sa souplesse, son élasticité et sa finesse, et que les brins les plus longs sont les meilleurs.

Toute laine subit de nombreuses préparations qui lui donnent plus ou moins de valeur.

La France est renommée pour ses races de moutons, principalement celles du Berry, du Poitou et de la Champagne, et pour ses tissus de laine de Normandie, de Flandre et du pays Rémois. L'Allemagne et l'Angleterre viennent ensuite. Le drap est le tissu de laine le plus employé en broderie.

Les laines préférées pour la broderie sont celles qu'on fabrique en Saxe, à Hambourg, en Allemagne, et en France, à Beauvais et à Aubusson. On fait aussi grand cas de la laine des Gobelins, qui se vend dans le commerce en écheveaux dépareillés et contient une très grande variété de nuances.

Quoique la laine soit surtout utilisée pour la tapisserie, elle trouve aussi son emploi en broderie, ainsi pour les points dits *de Boulogne*, exécutés autour de certaines applications, ou pour des ouvrages au passé. La laine sert également sous forme de galon, de ganse, de soutache, permettant de produire des ornementations variées.

Il existe encore dans les laines diverses fantaisies qu'on nomme :

mohair, mérinos, thibet, mousse, neigeuse, persane, égyptienne, avec un mélange d'or et d'argent, ou cachemire, faite de diverses couleurs. Elles sont surtout destinées aux ouvrages de crochet ou de tricot. Mais le goût ingénieux de certaines brodeuses trouve quelquefois des moyens d'en faire un heureux emploi pour rehausser leurs travaux.

Le coton. — Si notre beau pays de France est riche en laine, il est obligé, en ce qui concerne le coton, de le faire venir d'Amérique et des Indes.

Nos lectrices connaissent aussi, au moins de réputation, cette matière fine et soyeuse, composée de filaments, blancs ou jaunes, qui enveloppent les graines du cotonnier, et avec lesquels on fabrique tant d'étoffes variées, répandues dans le monde entier.

L'industrie du coton est la plus importante de toutes les industries textiles. Elle donne lieu à une foule d'opérations nécessitant un grand nombre de machines.

C'est surtout en Angleterre, aux Etats-Unis et en France que le coton est travaillé. Roüen, Vichy, Roanne, Amiens, Saint-Quentin sont nos principaux centres de tissage de coton. En broderie, la mousseline, le jaconas et le calicot sont les tissus de coton les plus travaillés; on emploie aussi pour des ouvrages de fantaisie la « toile flamande » et des étoffes spéciales à dessins de couleur.

Le fil de coton est utilisé pour le point de croix, le plumetis, la broderie anglaise, etc., en un mot, pour la plupart des broderies blanches.

On le teint en rouge, en bleu, en mauve, etc., et il sert à donner une note plus gaie aux objets de lingerie sur lesquels on l'emploie. Le coton blanc ou de couleur s'emploie de même pour la broderie anglaise.

Une préparation toute moderne est celle du coton dit perlé ou mercerisé, qui a le brillant de la soie et en plus l'avantage de rester intact au blanchissage.

Enfin, il y a le coton cordonnet, qui est spécial pour le crochet.

Le lin. — Les principaux tissus de lin servant à broder sont le linon, la batiste, la toile et la toile ancienne. Quant au fil de lin, son emploi en broderie est limité aux broderies à jours et à fils tirés ; parfois aussi on l'emploie pour broderies Colbert et Richelieu.

La soie. — La soie est originaire de la Chine ; dès la plus haute antiquité les auteurs chinois parlent de la soie ; une antique légende fait sortir le premier fil de soie des doigts merveilleux de l'habile impératrice Si-Ling-Chi, en 2697 avant Jésus-Christ. Malgré les édits somptuaires interdisant la vulgarisation du précieux tissu, il n'était si simple bourgeois qui n'eût sa tunique de soie brodée. Mais les habitants du Céleste Empire s'interdisaient jalousement toute exportation.

Il faut arriver au IIIe siècle de notre ère pour voir les magnifiques soieries de la Chine se répandre dans l'Inde, puis en Perse, en Assyrie, et jusqu'en Europe, où leur apparition fut accueillie avec enthousiasme. Au IVe siècle, de nombreuses caravanes, commandées pour la plupart par des Juifs et des Arabes, importèrent un peu partout des cargaisons du tissu précieux.

On raconte qu'au VIe siècle, deux moines persans qui avaient longtemps séjourné en Chine et s'y étaient instruits dans l'art d'élever les vers à soie et de fabriquer leur produit, vinrent trouver l'empereur Justinien à Constantinople et lui révélèrent leur secret. Justinien les engagea à retourner en Chine pour lui procurer des œufs de vers à soie, et leur fit de brillantes promesses. Les moines entreprirent ce second voyage ; malgré la surveillance farouche exercée sur les frontières chinoises, ils parvinrent, au péril de leur vie, à rapporter des œufs de « bombyx » — nom scientifique du genre auquel appartient le ver à soie, — et de la semence de mûrier, cachés dans des cannes creuses. Ils offrirent l'une et l'autre à Justinien, qui les chargea d'en diriger la culture et l'utilisation.

Ce fut une source de richesse pour Constantinople, qui devint le centre de l'industrie séricicole et du commerce des soies. C'est de Byzance qu'on se procurait la soie, au moyen âge. Charlemagne en avait fait venir, dit-on, son manteau si renommé et deux robes. De là aussi vint l'oriflamme de Saint-Denis qui, à partir de 1124, devait être l'étendard de France.

L'industrie de la soie se répandit bientôt dans toute la Grèce ; le Péloponèse prit le nom de Morée, venant de « morus », mûrier, à cause des nombreux mûriers qu'on y avait plantés pour l'élevage des vers à soie.

L'Espagne, sous l'impulsion des princes musulmans établis à Grenade, suivit l'exemple de la Grèce, et, au XVI⁰ siècle, l'Italie comptait de nombreuses filatures de soie. D'Italie, cette industrie passa en Provence. Au XIII⁰ siècle, les papes avaient tenté d'introduire la sériciculture à Avignon. Les premières fabriques de Lyon datent de 1466. Il s'en établit ensuite à Tours.

Mais la vraie célébrité de Lyon, dans l'industrie de la soie, date de François I⁰⁰, lorsque des ouvriers milanais, florentins et lucquois, chassés de leur pays par les guerres intestines, apportèrent à cette grande ville française les secrets de leur métier.

Sous Henri IV, la plantation du mûrier blanc, dans les parties méridionales de la France, où la chaleur est suffisante pour l'éclosion des vers à soie, prit une réelle extension. Conseillé par Sully et par Olivier de Serres, le bon roi encouragea de tout son appui la nouvelle industrie, qui prospéra rapidement. Malheureusement Colbert, par des édits protecteurs exagérés, et la révocation de l'édit de Nantes, en chassant à l'étranger de bons ouvriers fileurs et tisseurs lui portèrent un certain dommage. La Révolution lui fut funeste.

En 1820, la fabrication lyonnaise prit une nouvelle prospérité. L'invention du métier Jacquard donna une énorme impulsion à cette industrie, mit à la portée de tous l'usage d'étoffes qui jusque-là étaient le privilège des grands.

Si Jacquard fut le bienfaiteur des manufactures de Lyon, Pasteur a droit à la reconnaissance des sériciculteurs de la vallée du Rhône, car il découvrit les remèdes préventifs contre la maladie qui sévit en 1854 sur les précieux vers fileurs, dans les « magnaneries ».

Les soieries de Lyon jouissent d'une réputation mondiale ; à côté de Lyon, Saint-Etienne et Tours se distinguent dans l'industrie de la soie. Après la France, l'Italie et la Suisse sont les deux centres de soieries les plus importants. La Chine, l'Inde, la Turquie et la Perse conservent leur excellence dans la production de ces riches étoffes.

Le satin, si beau par sa finesse et son lustre, est le tissu de soie le plus employé comme fond de broderie ; on brode aussi le velours et la mousseline. On utilise également, surtout dans la broderie au plumetis, le « tussor », tissu fabriqué avec une soie produite par des chenilles de l'Inde.

Les principales espèces de soie en écheveaux sont les soies brillantes, dites d'Alger, les soies floches, les soies lavables, employées dans la broderie sur blanc.

OUTILS

Les outils nécessaires à la broderie sont peu nombreux ; mais ils doivent être de bonne qualité. Si l'adresse supplée parfois à leur imperfection, la qualité facilite toujours la finesse, la régularité et la rapidité du travail, résultat qui vaut bien un léger surcroît de dépense. Celui-ci peut même parfois être regardé comme une économie.

L'aiguille. — Ayons avant tout et surtout d'excellentes aiguilles, d'un acier fin et résistant. Elles seront longues ou courtes, suivant le tissu qui sert de fond à la broderie et le genre du dessin ou du travail.

Le crochet. — Le crochet à broder est une aiguille à pointe courbée, en acier bien trempé et bien poli, muni d'un petit manche en métal, ivoire, ou écaille ; on en fait usage pour les broderies au point de chaînette.

Pour faciliter et rendre plus rapide le mouvement du crochet sur l'étoffe, on garnit son index droit d'une sorte de dé spécial, petite plaque de métal roulée et munie d'une encoche, qui se place sur l'ongle. Il n'est ni fermé du haut ni soudé sur le côté, afin de pouvoir s'adapter à tous les doigts.

Les métiers. — Il y a trois sortes de métiers à broder : le métier à barres le métier à tapisserie et le tambour.

Le premier se compose de deux barres ou « ensouples » horizontales, portant une bande de toile sur laquelle s'attache la pièce à broder. Ces ensouples sont réunies par deux montants sur lesquels on les fait glisser pour les adapter à la hauteur de l'ouvrage.

Le métier à tapisserie diffère du précédent par le pied qui le porte.

Le tambour, d'origine chinoise, est constitué par deux cercles s'emboî-

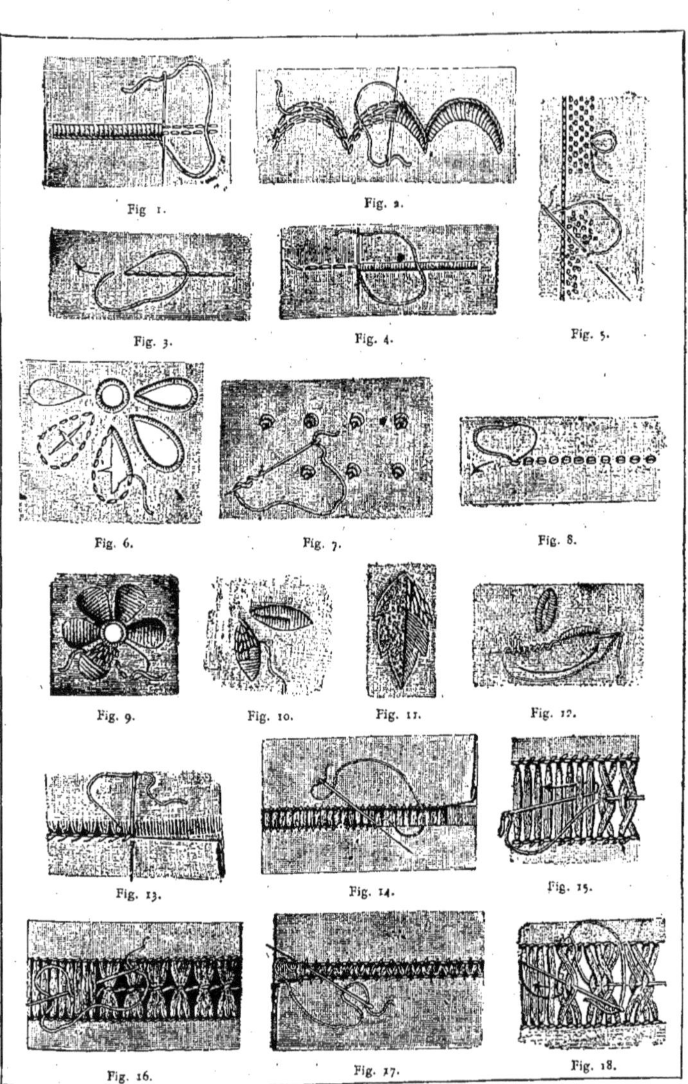

BRODERIE. — Fig. 1 et 2. Points de feston. — Fig. 3. Point de trait. — Fig. 4. Point de cordonnet. — Fig. 5. Point de sable. — Fig. 6. Œillets. — Fig. 7. Point noué. — Fig. 8. Point d'armes simple. — Fig. 9 et 10. Points de plumetis. — Fig. 11. Point de plumetis et point de sable. — Fig. 12. Point de poste. — Fig. 13, 14 et 17. Ourlets à jour. — Fig. 15, 16 et 18. Jours.

tant l'un dans l'autre : l'étoffe tendue sur le plus petit est retenue par le plus grand. Le tambour peut se fixer sur un pied.

Ces deux derniers métiers servent pour les ouvrages de petites dimensions : écran, coussin, etc... Pour les robes, rideaux ou autres grandes pièces, il faut le métier à barres posé sur des tréteaux.

Les ciseaux. — La brodeuse doit disposer de deux paires de ciseaux au moins : une paire assez forte pour couper les tissus, les galons, etc., et une paire aux lames fines, pointues, bien aiguisées pour couper les œillets et les jours.

PRÉPARATION ET EXÉCUTION

Les jeunes filles qui savent dessiner, — et c'est maintenant la généralité — peuvent aisément composer des motifs de décoration et s'épargner une dépense, en décalquant elles-mêmes ces dessins sur l'étoffe à broder.

Les autres pourront calquer tel ou tel motif qui leur plaira sur du papier avant de le reporter sur l'étoffe à travailler. Pour le calque d'un dessin, nous conseillons de prendre, non du papier à calquer spécial, lequel a le grand inconvénient de devenir en très peu de temps cassant et plus translucide que transparent, mais du papier ordinaire, qu'on prépare soi-même à cet usage. Cependant il ne s'agit pas de revenir à l'ancienne méthode, consistant à copier les dessins sur une vitre, ce qui est particulièrement incommode et fatigant.

Notre procédé, encore peu connu, consiste simplement à tremper dans une huile volatile : essence de térébenthine, pétrole, benzine, etc.(selon l'odeur qu'on préfère), le papier qu'on veut employer et le rendre un moment transparent. La seule chose à observer est que ce liquide volatil quelconque soit assez pur pour ne laisser, en séchant, aucune trace sur le papier.

Le crayon prend admirablement sur ce papier fraîchement imprégné d'essence, — bien mieux même qu'avant l'immersion ; et, si on désire refaire ce tracé ensuite à l'encre, il suffira d'attendre que le papier soit bien sec, c'est-à-dire revenu à son état primitif.

Disons en passant que l'alcool produit aussi la transparence ; mais il est

trop volatil pour la conserver durant une exécution d'une certaine importance. Chose curieuse, bien que l'eau ne donne aucune transparence par
elle-même, si on la mélange à l'alcool, c'est-à-dire si on emploie l'eau-
de-vie qui contient au moins moitié d'eau, non seulement le papier
devient transparent, mais cet état dure assez longtemps pour qu'il soit
bon pour le calque.

Si le dessin choisi est trop grand ou trop petit pour le travail à entreprendre, on peut le diminuer ou l'augmenter au moyen du procédé suivant : on recouvre le dessin d'un quadrillage régulier, et on reproduit sur
les carrés d'un autre quadrillage, deux, trois fois plus petit ou plus grand,
les parties contenues dans chacun des carrés originaux correspondants.

Le dessin étant à point, on a le choix entre deux sortes de procédés pour
le reporter sur l'étoffe : le décalque au papier chimique ou le piquage suivi
du ponçage.

Pour le premier système, on place le papier chimique entre l'étoffe et le
dessin. Puis, on suit tous les contours de ce dernier, en appuyant légèrement avec une pointe arrondie. Le dessin se trouve alors marqué en bleu
sur le tissu. C'est le moyen le plus simple ; mais il ne convient guère que
pour le blanc.

S'il s'agit de velours, de peluche, de satin ou de toute autre étoffe fra-
gile, c'est le second procédé qu'il faut employer.

Le piquage d'un dessin se fait en en suivant les contours soit avec une
épingle qui y perce des trous rapprochés, soit avec une roulette à patrons
ou une molette d'éperon à dents serrées. Le papier ainsi ponctué se pose
sur le tissu où on le fixe aux quatre coins par des poids ou des punaises.
On verse alors sur le tracé qui, étant ponctué, forme tamis, de la poudre
de charbon, de la poudre de craie, suivant la couleur de l'étoffe, ou bien
de la poudre à poncer, mélange de résine et de matière colorante, bleue
pour les tissus clairs et blanche pour les foncés.

A l'aide du doigt ou d'un petit tampon de drap roulé, ou même d'une
brosse, on fait passer la poudre à travers les trous du papier. Puis, si
l'on a employé de la poudre de charbon ou de craie, il faut repasser le
tracé avec une couleur d'aquarelle. Si l'on a eu recours à la poudre à

poncer, on applique sur les différentes parties du dessin un fer chaud, posé, mais non glissé comme pour le repassage. La chaleur fait fondre la résine, qui pénètre légèrement dans le tissu et donne un dessin net et résistant. Un vaporisateur à essence minérale peut également dissoudre la résine contenue dans la poudre à poncer.

Si l'on emploie ce moyen pour des broderies minutieuses, il est recommandé de réunir les points par un trait continu, afin de mieux assurer la régularité du travail.

Lorsque l'on brode sans métier, le premier soin doit être de tendre son étoffe en droit fil sur un morceau de toile cirée ou de molesqune, à l'aide d'un bâti. Le dessin est alors suivi par un point dans tous ses contours; puis, les parties destinées à être festonnées ou brodées au plumetis, sont *bourrées* par de longs points devant, exécutés avec un coton plus gros que celui qui servira à la broderie.

LES DIVERS POINTS

Rappelons pour mémoire — car ils sont très connus — les différents points utilisés en broderie :

Le point de *feston lâche*. — Le point de feston lâche s'exécute en piquant l'aiguille au-dessus du tracé ou du bourré et en la ressortant au-dessous, sur le fil que retient le pouce gauche. Il faut laisser quelques fils d'intervalle entre chaque point et veiller à ce qu'ils aient la même hauteur et la même distance.

Le point de *feston*. — Il se fait comme le feston lâche, mais en serrant les points les uns contre les autres, en suivant très exactement le tracé.

Le point de *trait*. — C'est le point de piqûre ordinaire, mais qui doit être exécuté de façon à ne pas former d'envers et à présenter sur l'endroit une régularité telle que l'on retrouve un angle chaque fois que deux points se rencontrent.

Le point de *cordonnet* ou d'*œillet*. — C'est un surget dru qui enserre le fil du tracé. Ce point se fait de droite à gauche.

Le point de *tige cordonné*. — Il s'exécute comme le précédent ; mais les points plus en biais et dirigés de gauche à droite.

Le point *coulé*. — Un autre cordonnet appelé *point coulé* ou *cordonnet-oblique* se fait sans tracé, en passant l'aiguille sous un ou deux fils horizontaux et quatre ou six fils verticaux, de manière que le dernier point dépasse toujours le précédent de la moitié.

Ce genre de cordonnet s'emploie surtout pour contourner des initiales sur des nappes ou des serviettes, et sertir le blanc d'une couleur.

Le point *noué* ou point *d'armes*. — C'est au moyen de ce point qu'on exécute les petits pois dans la broderie. Piquant d'abord l'aiguille à l'endroit où le point doit être fait, on retient le fil avec le pouce gauche, pour former une boucle dans laquelle on engage l'aiguille. Autour de celle-ci, on enroule le fil deux ou trois fois, puis on tire cette aiguille pour la faire rentrer en arrière de la place d'où elle est sortie. Elle reparaît là où l'on veut exécuter un nouveau pois.

Le point de *sable*. — Ce point est formé de simples points piqués qu'on peut contrarier pour former une sorte de petit sablé, qui doit orner soit un intérieur de feuilles, soit un espace entouré de cordonnets. De là, son nom de point de sable.

Le point d'*arme simple*. — On l'exécute en faisant deux points de piqûre l'un à côté de l'autre, dans les mêmes trous.

Le point *plumetis*. — Le plumetis est bourré dans sa longueur et brodé au point lancé dans la largeur. Il faut donc rapprocher ses points sans pourtant les croiser l'un sur l'autre, et le travail doit aller du sommet à la base.

Le point de *poste*. — Pour exécuter ce point, on pique l'aiguille et on la fait revenir, comme pour un large point arrière : le fil s'enroule cinq ou six fois autour de l'aiguille qui est maintenue par le pouce gauche. Puis en retenant légèrement ces points, l'aiguille se tire doucement. Enfin, on la repique dans le trou primitif pour la faire ressortir à l'endroit d'où doit partir un point suivant.

Le point de *poste bourré*. — C'est le même que le précédent, mais il est préalablement bourré au point arrière, afin de produire plus de relief.

Le point de *chaînette*. — L'aiguille, piquée dans le tissu à l'endroit où doit commencer ce point, ressort un peu plus loin dans une boucle qu'on a fait former au fil, en le plaçant sous le pouce, comme pour le feston. Au point suivant, l'aiguille repique dans le cœur de cette boucle, pour ressortir dans une autre obtenue comme précédemment ; et ainsi de suite, ce qui forme la petite chaîne ou chaînette.

C'est un des points importants de la broderie.

Le point de *croix* ou point de marque. — Ce point se compose, ainsi que l'indique le premier nom, de deux points croisés l'un sur l'autre ; c'est le point que toutes les fillettes ont exécuté, lorsqu'elles tracent sur un marquoir les lettres de l'alphabet. Si l'on opère sur un tissu assez gros, il est facile de compter les fils et d'obtenir ainsi un travail régulier. Mais si l'étoffe est serrée ou irrégulière, il faut avoir recours au canevas. On applique celui-ci sur la partie qu'on veut broder et l'on commence à opérer comme si le canevas était seul, en ayant soin toutefois de piquer en même temps l'étoffe recouverte. Lorsque le dessin est terminé, il n'y a plus qu'à couper et tirer les fils du canevas, qui disparaît, laissant à jour une broderie au point de croix, aussi exacte que si les fils de l'étoffe avaient été comptés.

Le point de *reprise* ou point de toile. — Employé couramment pour réparer les tissus endommagés, ce point rappelle le tissage : on tend des fils dans un sens, pour former la chaîne, puis on fait passer l'aiguille dessus et dessous ces fils, comme la navette tissant la trame, en ayant soin de contrarier les points à chaque rang.

Le point *lancé* ou point plat. — Il consiste en points lancés sur plusieurs fils de l'étoffe ; il est d'une exécution rapide, et peut s'employer simultanément avec les points de croix, de trait ou de chaînette.

Le point d'*épine* ou de *corail*. — C'est une sorte de feston lâche, qui s'exécute verticalement en maintenant toujours son fil à l'aide du pouce gauche, et en piquant l'aiguille une fois à droite, puis une fois à gauche, à la hauteur de la boucle du point précédent. La longueur du point est facultative, à la condition de rester la même dans toute l'étendue du même motif.

Ce point prête aussi à des ondulations, qui s'obtiennent en faisant obliquement trois ou cinq points, sur la gauche et sur la droite, alternativement.

Le point de *chausson* ou à la *religieuse*. — Il se fait à l'inverse du point précédent, c'est-à-dire qu'il se travaille en remontant. L'aiguillée, fixée dans l'étoffe, se lance obliquement de gauche à droite sur un espace équivalent à plusieurs fils du tissu, pour ressortir plus bas sous trois ou quatre fils : on répète le même mouvement de droite à gauche, chaque point nouveau croisant le bout du précédent.

Serviette à thé, napperon, poche de nuit, dessous-de-carafe,
ornés de broderie anglaise.

III. — DIFFÉRENTS GENRES DE BRODERIE

Différents genres de broderie blanche : le point coupé, la broderie à fils tirés, le filet brodé,
la broderie au plumetis ou de Nancy, la broderie anglaise de Madère, les broderies Colbert,
Richelieu et vénitienne ou des Vosges, l'application sur tulle. — Différents genres de broderies de couleur : les broderies de couleur sur toile, les applications en couleur, les broderies d'or et d'argent, la broderie au passé, la broderie au crochet, les broderies rococo, de
perles et de paillettes.

DIFFÉRENTS GENRES DE BRODERIE BLANCHE

A broderie blanche, c'est-à-dire la broderie faite en blanc sur
tissu blanc, est, de toutes, la plus facile comme exécution, la
moins coûteuse et la plus répandue. Il n'est guère de jeunes
filles qui n'aient appris au moins le feston, le plumetis et
le cordonnet.

Bien que nous ayons vu, dans l'histoire de la broderie, qu'elle est de
beaucoup la cadette de la broderie de couleur, puisque ses apparitions

avant le xvᵉ siècle sont insignifiantes, on a coutume de placer ses différents genres en première ligne à cause de leurs nombreux usages.

Le point coupé. — Cette broderie à jour, obtenue en découpant certaines parties du dessin — d'où le nom de point coupé — consiste à remplir ces vides de légers motifs rappelant les dentelles. Les parties réservées peuvent s'orner de points différents : points plats, points de croix, etc... Ce genre de broderie était très employé au xviᵉ siècle pour orner les vêtements et le mobilier : nappes, courtepointes, etc... Longtemps oublié, il est revenu à la mode de nos jours.

Son aspect est à la fois simple et riche comme celui de la dentelle, d'un art minutieux et d'un dessin régulier. Il est utilisé tout aussi bien dans la toilette que dans l'ameublement et le linge de table, pour les rideaux, les tapis, les chemins de table.

Cette broderie s'harmonise admirablement avec les vieux meubles. Ainsi, un tapis de table, brodé au point coupé, serait de bon goût sur un de ces buffets de vieux chêne que l'on conserve précieusement dans les maisons de campagne.

Les décorations de point coupé sont toujours des combinaisons géométriques supportées par les bords de l'étoffe, les croix de fil, ménagées dans les vides et les fils que l'on peut lancer en diagonales. Sur ce bâti, on compose des dessins légers sans être maigres : étoiles, rosaces, rinceaux.

L'exécution en est très minutieuse et demande beaucoup d'habileté.

Comme matériaux, il n'est besoin que de toile, de fil et de longues aiguilles à dentelle. Il faut, autant que possible, choisir une étoffe dont la chaîne et la trame soient d'égale grosseur, afin que les vides provenant de l'enlevage des fils, présentent des carrés exacts.

Suivant la grosseur de la toile, les fils seront retirés des parties à enlever, ou l'on découpera ces parties en laissant un certain nombre de fils en croix, proportionnés à la grosseur de l'étoffe et à ce qu'exige le dessin.

Un point de feston ou de cordonnet entourera les bords découpés, et les fils en croix seront recouverts d'un point de reprise.

C'est alors seulement qu'on abordera les détails du dessin, avec baguettes horizontales et verticales, en faisceaux très obliquement, en

mélange de points d'esprit. d'araignée, de roues sur point de reprise, etc.,
car il existe une foule de combinaisons amenant de très jolis résultats.

Si on enlève tout le morceau et qu'on se serve de la toile seulement
comme cadre, le travail sera plus délicat et se rapprochera davantage de
la dentelle. Il faudra alors monter le carré sur une toile verte portant en
blanc le dessin à exécuter, et ce sera du vieux point de Venise.

La broderie à fils tirés. — La mode qui, de nos jours, s'attache de plus
en plus à imiter les choses anciennes pour les adapter au goût actuel, a
mis en vogue la broderie à fils tirés, autant que le point coupé.

Celle-là est imitée principalement de la garniture de vieilles nappes ou
courtepointes des XVI° et XVII° siècles. C'est une broderie claire qui s'obtient en « tirant » à la toile des fils de chaîne et de trame, de manière à
former un treillis assez léger. Consolidant ce dernier par des points de
surjet, on arrive à lui faire former un fond sur lequel se détachent les
dessins fournis par les parties de toile épargnées.

Toutes sortes de vieux motifs peuvent être ainsi reproduits ; dessins
géométriques, rinceaux, fleurs, et, si la toile est assez fine pour permettre
la souplesse des contours, personnages ou animaux.

A côté de cette vraie broderie à fils tirés vient se placer un genre
moderne qui dérive de l'ancien : ce sont les « jours » et les « rivières » de
jours, obtenus en tirant les fils dans un seul sens de la toile.

L' « ourlet à jour » est la forme la plus simple de ce travail.

En tirant un grand nombre de fils, on exécute des travaux plus compliqués. Leur diversité provient de la manière de grouper ces fils à jour et de
les couvrir de points variés, points de reprise, surjet, croisé, double ou
triple croisé, faisceaux en colonnes genre persan, ou faisceaux contrariés,
faisceaux à roues, à œillets, à rosaces et picots, etc... Il naît de tout cela
des combinaisons si riches que les « rivières » peuvent être employées
comme unique ornement d'une lingerie rendue ainsi très élégante.

Le filet brodé. — Bien que les brodeuses de filet se nomment assez justement dentellières, on place volontiers ce genre de travail à côté de la
broderie à fil tiré, d'abord parce que l'aspect de ces deux ouvrages anciens

est fort semblable, et ensuite parce que leur vogue date du même temps, c'est-à-dire, nous l'avons vu, des XVIᵉ et XVIIᵉ siècles.

Sans doute le filet par lui-même est plus ancien, il se retrouve comme engin de chasse et de pêche chez tous les peuples primitifs. Il serait même difficile de citer son pays d'origine.

Quant à l'art de le broder, on le rencontre de longue date en Perse, sur des filets de soie ornementés d'or et d'argent.

L'Italie pratiquait le filet découpé, et la France le filet Richelieu.

Aujourd'hui, les différentes broderies sur filet ont autant de succès que les vieilles broderies sur toile.

La manière de traiter le filet se résume en deux genres principaux :

C'est, premièrement, le « filet ancien », qui consiste à copier des dessins un peu naïfs, soit au simple point de reprise, qui, pour le filet, est formé de fils parallèles passés dans les mailles, mais non croisés perpendiculairement, soit au point de toile, qui se croise au contraire pour imiter la chaîne et la trame.

Souvent alors, on sertit le dessin avec un gros fil, qui fait relief, et dont on se sert aussi pour exécuter divers autres ornements ou ramages, ce qui compose le filet dit « Richelieu ».

Le second genre, qui est plus moderne, emploie des points variés. On le dit « filet brodé » ou « filet artistique ». Toutes sortes de dessins : étoiles aux fils lancés, ou au point de feston, roues, losanges, fleurs en relief au point de reprise ou motifs au point de toile sertis de points de reprise, etc., le tout sur le fond de point d'esprit, qui est un feston lâche et entrelacé. Sans oublier les dents également au feston alternant de droite à gauche, ou celles en reprise, à nervures et au point de Venise, de toutes les plus jolies et les mieux harmonisées avec le filet.

Cet ensemble donne les riches effets de la dentelle. D'autant mieux qu'en festonnant le bord, on peut y faire des découpures dentelées qui sont alors de réelles dentelles.

Pour tout cela on emploie soit du filet mécanique, soit du filet fait à la main, au moyen d'un moule et d'une navette. Ce dernier est bien préférable comme solidité.

Après l'avoir confectionné, on le tend sur un moule carré ou oblong, rigide, le plus souvent en fer, qu'on garnit d'ouate, puis d'un étroit ruban qui se serre fortement autour de ce cadre, et principalement dans les coins, afin qu'il ne bouge pas lorsqu'on y coudra le filet bien tendu.

L'ouvrage ainsi préparé, il n'y a plus qu'à copier le dessin choisi.

Si le cadre se trouvait trop grand pour le carré à exécuter, on y coudrait d'abord intérieurement un galon plat sur lequel se fixerait le filet.

La broderie au plumetis. — C'est une broderie en relief exécuté au point lancé, droit ou oblique, posé en travers d'un fort rembourrage fait au point plat.

Cette broderie semble dater du xix⁰ siècle et se nomme aussi broderie de Nancy, parce que cette ville est son centre de production le plus renommé. Elle s'emploie pour broder des chiffres ou monogrammes, des feuilles, des fleurs. La marguerite, le bluet, le muguet, le trèfle, etc., sont les principaux motifs du plumetis.

Les dessins doivent en être nets et légers. Pour rendre les reliefs, il faut diminuer ou grossir les bourrages. On peut encore, pour mieux imiter la nature, employer les points d'arme pour les étamines et le point sablé pour les parties éclairées des feuilles.

La broderie anglaise. — Les œillets ou petits trous ronds, ovales ou carrés, qui composent la broderie anglaise, doivent être entourés d'un surjet si serré que, même par le plus long usage, la broderie ne fasse pas de peluche.

Cette broderie, qui s'appelle aujourd'hui Madère, à cause de la perfection avec laquelle on l'exécute dans ces îles, est employée depuis le xvi⁰ siècle pour la décoration des parties de toile laissées entre les carrés de point coupé.

Ses dessins sont surtout géométriques. Ils s'allient avantageusement avec le plumetis pour l'ornement de la lingerie : cols, manchettes, robes de toile et de mousseline, napperons, etc.

Ce travail, accessible à toutes les jeunes filles qui ne sauraient trop s'y perfectionner, est un moyen peu coûteux d'égayer et d'enrichir leur toilette, celle des bébés de leur famille ou de leurs amies, et de mettre une élégance discrète dans leur intérieur. De même qu'un rayon de soleil met des sourires dans la chambre propre où il se joue à l'aise, de même les belles initiales brodées sur la nappe des jours de fête témoignent de l'adresse de la maîtresse de maison et de son souci de faire honneur à ses hôtes.

Les broderies Colbert, Richelieu, Vénitienne. — Des dessins cernés au point de feston et découpés ensuite, voilà le trait commun de ces trois genres de broderie, qui diffèrent pourtant par les détails.

Le Colbert, qui est le plus simple des trois, est aussi le plus lourd par la nécessité qu'il impose de rechercher des dessins n'ayant pas de trop grands vides, puisqu'ils doivent rester soudés l'un contre l'autre sans être maintenus par aucune barrette. C'est cette absence de barrettes qui distingue le « Colbert » du « Richelieu » ou de la « Renaissance ».

Ces derniers genres s'exécutent de la manière suivante : après avoir suivi tout le contour du dessin, par un fil passé régulièrement, et l'avoir recouvert d'un feston mince et régulier, on lance d'un bord à l'autre, de distance en distance, des fils qu'il s'agit de festonner également pour former des barrettes ; puis on fait, en dessous, le découpage des principaux motifs, qui se détachent alors en mat sur un fond à jour et à brides.

Si ces brides sont simples et droites, le travail est dit « Renaissance ». Si, au contraire, elles sont agrémentées de picots faits au point de poste, nous avons la broderie « Richelieu ».

La broderie vénitienne diffère des précédentes par ses festons à reliefs et ses jours variés, qui en font une imitation des guipures de Venise, du XVIIᵉ siècle.

Son exécution est plus difficile. Il ne s'agit plus ici d'un feston uniforme, mais bien d'un travail approprié à chaque motif et à chaque fleur, et festonné le plus souvent à hauts reliefs plus ou moins épais. Afin d'obtenir ceux-ci, on prend, pour bourrer, une petite ganse ronde, ou mieux plusieurs fils de coton dont on augmente ou diminue le nombre selon la largeur du feston.

Les barrettes se font avec ou sans picots ; mais, ce qui constitue le grand mérite de ce genre de broderie, c'est que la toile formant les dessins ne reste presque jamais à nu. On la recouvre d'une foule de points de fantaisie : sablés, noués, coulés, etc.

Ces trois sortes de broderie : Colbert, Richelieu et Vénitienne, sont désignées sous le nom général de « Broderies des Vosges », en raison de la quantité que les ouvrières de ce pays en produisent.

Plus lourdes d'aspect que l'anglaise et le plumetis, les broderies des Vosges sont aussi plus riches et surtout plus confortables pour les draps, taies d'oreillers, nappes et garnitures de linge sérieux.

L'application sur tulle. — Avec ses délicats ornements et son fond de tulle, cette broderie se rapproche de la dentelle. Faite sur toile fine et tulle de Bruxelles, elle s'emploie en volants pour robes, en garnitures de mouchoirs, etc. Exécutée sur de la toile un peu forte et du tulle grec, elle est très en usage pour stores, rideaux, etc.

Pour bien faire l'application sur tulle, il est indispensable d'attacher avec soin sur ce dernier l'étoffe où l'on aura décalqué le dessin, en évitant tout plissement ou tension exagérée.

Les deux tissus ainsi juxtaposés exactement seront pris ensemble dans un point de cordonnet qui suivra tous les contours du dessin. Le bord seul de l'ouvrage sera festonné.

Le découpage étant très délicat, surtout dans les dessins de fleurs un peu compliquées, peut prêter à de petits accidents, qui sont réparés ensuite par des reprises au point de tulle.

Différents genres de couleurs

Les broderies de couleurs sur toile. — Exécutées au passé, sur de la toile fine ou, ce qui est plus facile, aux points lancé, de croix, de traits, de piqûre, d'étoile, sur des toiles unies ou à carreaux, ces broderies sont très employées pour dessus de dressoirs, de consoles, de crédences, pour chemins de table. Les jeunes filles et les maîtresses de maison aiment à y exercer l'agilité de leurs doigts.

Avec de la modeste toile, de la toile ancienne, par exemple, et du simple coton ou soie lavable de diverses couleurs, elles font de fort jolis travaux.

Les dessins géométriques ou de fleurs stylisées sont employées pour les broderies les plus simples. Les fleurs peuvent être copiées plus fidèlement dans les genres au passé. En choisissant de vieux dessins dans les enluminures d'anciens missels, on obtient des décorations originales.

Les applications en couleurs. — La broderie de couleurs dite « application » consiste en motifs de soie, de velours, de drap, et même parfois d'indienne, découpés, puis appliqués sur un tissu quelconque, qui doit servir de fond.

Elle se fait pour robes et manteaux de dames ; mais surtout dans l'ameublement pour coussins, tapis, meubles, rideaux.

L'application était déjà connue au moyen âge. Avant la broderie au passé, c'était peut-être la manière la plus répandue pour produire des ouvrages polychromes. On peut donc faire en application des décors de tout style, en harmonie avec le mobilier qu'elle doit accompagner.

Le dessin des broderies d'application doit être tracé sur le tissu destiné aux décors et sur le tissu de fond.

Les motifs découpés sont tantôt attachés à ce dernier par un simple faufil soigneusement fait, et tantôt collés.

Dans ce cas, avant de découper les dessins, on devra les doubler d'un papier de soie très fin, adhérant à l'étoffe par une colle légère faite avec de l'amidon de froment, qui a la spécialité de sécher vite. Encore faut-il que cette colle ne contienne pas trop d'eau et qu'elle soit étendue avec soin sans petits grumeaux ni bulles d'air.

Pour chasser celle-ci, lorsque la colle a été régulièrement étendue sur le papier au moyen d'un pinceau, et qu'on y pose l'étoffe, il faut, avec un linge propre frotter ce tissu dans le sens de la trame avant de mettre le tout sous presse. Sans cette précaution, il pourrait se produire des gondolages défectueux.

Quand tout est sec et découpé très nettement, sans bavures ni effilochures, il faut mettre à nouveau de la colle sous chaque motif et l'appliquer sur les lignes correspondantes du fond. De nouveau on presse sous une planche lourde ou alourdie par des poids, et il n'y a plus alors qu'à sertir ces ornements.

On le fait de diverses manières, tantôt par un feston, par un surjet ou cordonnet, par une piqûre, tantôt par une soutache ou par une ganse, qui se coud parfois avec des points invisibles et parfois avec des points sur-jetés, d'une couleur vive et très apparente.

Les nervures des feuilles se font en points lancés et les étamines au point d'armes.

Il existe un second genre d'application tout opposé à celui-ci. Il consiste à découper le tissu de fond sur le tissu de décoration placé en dessous. Les dessins se détachent alors en creux, non en relief.

Les deux tissus sont réunis par des points exécutés sur tous les contours avant le découpage.

Les broderies d'or et d'argent. — Ce sont les plus riches de toutes les broderies. Au XVIIe siècle, et au commencement du XVIIIe, cet art difficile était cultivé principalement dans les pays catholiques : l'Italie, l'Espagne, la France et même l'Allemagne, car cette décoration était très employée pour les ornements d'église. Il n'était pratiqué autrefois que par des pro-fessionnelles, auxquelles on imposait un apprentissage de neuf années.

Aujourd'hui, on emploie volontiers dans un même ouvrage des genres différents, et les artistes de l'aiguille s'intéressent davantage à la broderie d'or, comme complément de leurs connaissances et de leur habileté dans leur art.

Les broderies d'or et d'argent figurent aussi dans l'ameublement et dans le décor des bibelots ; elles réclament beaucoup de minutie et un petit outillage spécial. C'est, à côté du métier ordinaire, un petit couteau pour découper des moules en carton, un poinçon, des fuseaux ou broches et un casier à fournitures.

Il existe une grande variété de broderies d'or et d'argent : la broderie piquée et celle du genre chinois ; broderies sur fond de cordes, à fils cou-chés, avec cannetille, etc.

Les deux premiers genres peuvent être exécutés avec ou sans rembour-rage selon le dessin. Dans le premier, toutes les parties sont couvertes de points plats piqués dans le tissu, et passant par l'envers de l'ouvrage.

Le genre chinois demande moins de fournitures ; car, tous les motifs sont simplement couverts par des fils d'or placés les uns à côté des autres

Tapisserie de la « Dame à la Licorne » (Musée de Cluny).

et maintenus au moyen de fils de soie jaune ou de couleur différente, en points de surjet.

C'est de la même manière que se fixent les fils métalliques dans la broderie sur-fond de cordes, c'est-à-dire sur un rembourrage fait avec de la ficelle.

La broderie à fils couchés demande aussi à être rembourrée soit avec du carton, soit comme pour la broderie au plumetis. Le fil, qui est monté sur le fuseau, afin de se diriger plus aisément, passe au-dessus du rembourrage et se fixe, en allant et en revenant, au bas de celui-ci, par un point de piqûre.

Enfin, les broderies d'or auxquelles on ne peut consacrer beaucoup de temps, sont faites avec de la cannetille, mince filament d'or ou d'argent roulé en spirale et qui s'enfile comme des perles sur une aiguillée de soie jaune ou blanche.

La place que la cannetille doit occuper demande à être préalablement bourrée soit en corde, soit en carton, mais très fortement. La grande difficulté que présente l'emploi de la cannetille, c'est de savoir la couper exactement à la longueur que réclame le dessin. Si l'ornement est, par exemple, en forme d'olive, il est clair qu'il faudra pour le couvrir des bouts plus longs au milieu qu'aux extrémités. C'est là une question d'habitude.

On mélange quelquefois aussi à la broderie d'or des paillettes ou des imitations de pierreries en perles de couleur.

Quant à la broderie dite « d'or nuancé », il faut, pour l'exécuter, couvrir d'abord toute la surface du tissu de grains de gros or lancés et arrêtés seulement aux deux extrémités, de façon que les brins d'or se touchent et que la brodeuse soit obligée de les écarter pour apercevoir les contours du dessin tracé sur le tissu. Cela fait, en haussant deux fils à la fois sur son aiguille enfilée de couleur convenable, elle copie le modèle peint qu'elle a devant les yeux.

Dans les endroits sombres, les points de soie doivent se toucher de façon à ne plus laisser voir l'or, qui s'aperçoit, au contraire, entre chaque point, dans les demi-teintes. On va ainsi en dégradant les nuances et en faisant transparaître plus d'or à mesure que les nuances s'éclaircissent, jusqu'à ce qu'enfin l'or ne soit plus arrêté que de loin en loin par des soies très fines et très claires.

Ce procédé était déjà employé au moyen âge.

La broderie au passé. — La broderie au passé est la gloire de la Chine et aussi du Japon. Il nous arrive de ces deux pays de grandes tentures, ornées de fleurs, de paysages, admirables par l'éclat du coloris et la finesse de l'exécution.

La broderie au passé est connue en France depuis le XVIIIe siècle. D'une exécution délicate, elle constitue un genre vraiment artistique. Très employée, il y a quelques années, pour orner des robes élégantes, elle est surtout en usage aujourd'hui dans l'ameublement. Les jeunes filles peuvent l'utiliser pour des écrans, des coussins, des voiles de fauteuil, des cadres, etc... Il y a là de petits chefs-d'œuvre à faire, en rivalité avec l'aquarelle.

La beauté du passé consiste dans la légèreté et la grâce des dessins, et dans l'harmonie des nuances.

Il existe deux genres principaux de passé :

1° Le passé non nuancé, qui s'exécute au point plat ordinaire et au point coulé avec des « teintes plates », c'est-à-dire en soie d'une même nuance pour chaque motif, obtenant les ombres par l'inclinaison différente des points ;

2° Le passé nuancé travaillé avec plusieurs teintes de chaque couleur permettant de reproduire les fleurs, les oiseaux, etc., avec toute la variété de leur coloris, ce qui l'a fait appeler « peinture à l'aiguille ».

Le point de la broderie au passé n'est pas autre chose que le point lancé, point recouvrant les deux faces de l'étoffe. La longueur de chaque point doit être calculée de façon à n'avoir pas trop d'étendue et à présenter toute la solidité nécessaire.

La broderie au passé nuancé se fait au point de « passé empiétant », c'est-à-dire par rangs de points de longueur inégale, entrant les uns dans les autres, afin d'assurer le fondu des diverses teintes.

Au lieu du véritable point passé, il se pratique un « passé épargné », où le fil de soie ne recouvre que la face extérieure du tissu ; comme on l'a vu faire dans la broderie d'or. Ce genre a l'avantage d'être moins coûteux.

Les étamines des fleurs se font au point d'arme, ou point noué. Certaines broderies chinoises et japonaises sont exécutées entièrement à ce point.

L'emploi d'un métier est nécessaire dans les ouvrages au passé afin d'éviter tout froncement de l'étoffe.

La broderie au crochet. — La broderie de couleur au crochet peut servir à décorer les mêmes objets que la broderie au passé. C'est une broderie au point de chaînette qu'il faut exécuter sur le métier rond, appelé tambour, fixé de manière à laisser les deux mains libres. La main gauche tient le fil en dessous, et la main droite le crochet; le point se fait en tirant en dessus le fil ou le cordonnet, de manière à obtenir une boucle. Le crochet repiqué au milieu de la boucle, en ramène une nouvelle. C'est à leur ressemblance avec une petite chaîne que les points ainsi exécutés doivent leur nom de « points de chaînette ».

La broderie rococo, la broderie de perles et de paillettes. — La « broderie rococo » est une broderie obtenue avec de petits rubans de couleurs tendres, dans le goût du xviii° siècle. Cette sorte de broderie et celle en perles et paillettes servent à orner différents objets, tels que cadres à photographie, devants de cheminées, etc. En ce genre d'ouvrage, il faut éviter de tomber dans le mauvais goût.

Cette mode permit au fils, (page 58).

DEUXIEME PARTIE

LA TAPISSERIE

L A « tapisserie » est un tissu orné de dessins formés par des fils de couleurs différentes.

Il y a deux sortes de tapisserie : la « tapisserie au métier » et la « tapisserie à l'aiguille ».

La « tapisserie au métier » est un véritable tissu, mais un tissu artistique. L'ouvrier tapissier, debout devant son métier, reproduit avec sa navette le modèle appelé « carton », composé par un peintre. Comme tous les tissus, la tapisserie se compose d'une chaîne et d'une trame, mais la chaîne, entièrement couverte par l'exacte superposition des fils de la trame, disparaît dès que le travail est fini et ne laisse apparaître que la trame à l'endroit comme à l'envers. La tapisserie au métier est dite de

« haute liss. » ou de « basse lisse », suivant le genre de métier dont elle provient. Le métier à « haute lisse » est celui dont la chaîne est tendue verticalement, et le métier à « basse lisse », celui dont la chaîne est au contraire tendue horizontalement. Le mot « lisse » s'écrit aussi « lice ».

La « tapisserie à l'aiguille » est une broderie, puisque c'est un ouvrage de points à l'aiguille sur un tissu. Mais ce tissu, nommé « canevas », disparaît complètement sous les points de broderie, et l'aspect de la tapisserie à l'aiguille est le même que celui de la tapisserie au métier.

La tapisserie au métier est un perfectionnement artistique du tissage, et la tapisserie à l'aiguille une imitation de la tapisserie au métier par la broderie.

I. — HISTOIRE DE LA TAPISSERIE

Antiquité de la tapisserie. — Jérusalem. — Babylone. — Le métier des bas-reliefs égyptiens. — Les ouvrages de Pénélope, d'Hélène et d'Andromaque. — Alexandrie et Byzance. — Astérius et la tapisserie. — Mode de décoration des églises et des fêtes au moyen âge. — — Clovis, Dagobert, Berthe au grand pied. — Saint Angelme d'Auxerre. — Les manufac tures de Saint-Florent et de Poitiers au xe siècle — La tapisserie chez les châtelains ; Flandre et Italie. — Les « Arrazi ». — Les tapisseries rançon de guerre. — Scènes représentées par les tapisseries. — La tapisserie de Berne et l'histoire du costume. — Les grands maîtres de la Renaissance dessinent les cartons : sujets historiques, fabuleux, allégoriques. — Les verdures flamandes. — François Ier et la manufacture de Fontainebleau. — Henri IV. — La Savonnerie. — Colbert et les Gobelins. — Le Brun. — Les manufactures de Beauvais, Felletin et Aubusson. — Les ouvrages des dames au xviie siècle : Saint-Cyr. — La tapisserie au xixe siècle. — La tapisserie dans nos maisons.

I

'ART de figurer des ornements, des personnages au moyen de fils de couleurs passés dans la trame d'un tissu, date d'une haute antiquité. On le retrouve chez plusieurs peuples.

A Jérusalem, les rideaux du tabernacle et le voile du sanctuaire étaient faits à la main et couverts de figures.

A Babylone, dans les maisons royales, les étoffes ornées de dessins remplaçaient les peintures.

Les Egyptiens excellaient à reproduire sur des tissus leurs divinités aux bizarres emblèmes. Ils en tenaient l'usage des Assyriens qui, eux-mêmes, prétend-on, le tiraient de l'Inde où il aurait pris naissance.

Quoi qu'il en soit, ce peuple des bords du Nil fut le premier à employer le métier à haute lisse, ainsi que le prouvent quelques fragments conservés au musée du Louvre.

D'autre part, certain bas-relief de Beni-Hassan, où il est des peintures et sculptures qui remontent à 3,000 ans avant notre ère, montre un métier très simple, tel que celui qui est encore employé de nos jours par les tisserands d'Akmin, cette autre ville de la Haute-Egypte renommée pour ses antiquités.

Le travail se commençait par le bas, ainsi qu'on le fait encore aux Gobelins : le tissu, tassé et égalisé par un peigne grossier, s'enroulait au fur et à mesure sur un cylindre du haut du métier.

Les riches Romains attachèrent un grand prix à ces productions artistiques, dont le goût leur était venu par la Grèce.

Sans parler de la tapisserie toujours inachevée de Pénélope, que n'auraient-ils pas donné pour les magnifiques ouvrages d'Hélène et d'Andromaque, figurant sur le métier les épisodes de la guerre de Troie et les aventures des dieux !

La perfection de ces tapisseries est devenue célèbre. Certains auteurs prétendirent même qu'elles inspirèrent à Homère ses deux chants fameux: l'Iliade et l'Odyssée.

Les Phrygiens, les Phéniciens avaient aussi acquis une grande réputation pour des travaux analogues.

Toutefois Babylone restait le centre le plus renommé, ainsi que Tyr, Pergame, Sardes, Milet, sur les bords de la Méditerranée.

Plus tard, Alexandrie et Byzance cultivèrent à leur tour cette industrie, en même temps que les tissus brochés d'or et d'argent.

Au IVe siècle de notre ère, on trouve une description très nette de la tapisserie proprement dite dans une homélie d'un évêque métropolitain de l'Orient, Astérius ; cet évêque critique les abus d'un art, qui, « par les combinaisons de la chaîne et de la trame, imite la peinture et représente les formes de tous les animaux et les habillements bigarrés d'un grand nombre de figures. Il y a, ajoute-t-il, des lions, des ours, des chiens, des bois, des chasseurs ou bien des sujets tirés de l'Evangile : le Christ avec tous ses disciples, res miracles, les noces de Galilée avec les cruches, la pécheresse, Lazare sortant du tombeau, etc. Ceux qui se montrent ainsi vêtus sont considérés comme des murailles peintes ».

Ces paroles évoquent l'idée que les tapisseries étaient surtout destinées à la tenture des églises et des palais.

II

De l'Orient, l'art de la tapisserie, mais surtout de la tapisserie à basse lisse, passa en Occident, en Italie d'abord d'où il se répandit dans plusieurs pays, notamment en France. Grégoire de Tours parle de ces genres d'ouvrages qui furent appendus autour des places publiques le jour du baptême de Clovis.

Mais c'est encore choses rares, et elles le demeurèrent pendant plusieurs siècles. Pourtant un auteur rapporte qu'entre les années 628 et 638, Dagobert ayant fait reconstruire l'église de Saint-Denis, en couvrit intérieurement les murailles et même les colonnes de draperies tissées d'or et brodées de perles, et que ce genre de décoration devint de plus en plus commun dans les églises de France, au préjudice de la peinture.

On cite Berthe au grand pied, la mère de Charlemagne, ainsi que plus tard la reine Adélaïde, femme de Hugues Capet, comme filant elles-mêmes et brodant à l'aiguille des tableaux qui retraçaient les gloires de leur famille.

Au IXe siècle s'ouvre dans notre pays, pour la tapisserie, une ère nouvelle, avec l'introduction du métier à haute lisse. Saint Angelme, évêque d'Auxerre, mort en 840, fit faire pour son église un grand nombre de tapisseries ; et il est peu de nos cathédrales qui n'aient pas été revêtues de ces ouvrages de haute lisse. Reims, entre autres, en conserve d'assez anciennes.

Au Xe siècle, les religieux de l'abbaye de Saint-Florent, à Saumur, avaient établi dans leur couvent une manufacture de tapisseries, qu'ils tissaient eux-mêmes ; et vers le même temps existait à Poitiers une fabrique si renommée, que les rois et princes étrangers s'y fournissaient.

Pendant les XIIe et XIIIe siècles, les châteaux adoptèrent l'usage des églises, qui se paraient de tentures pour les grandes fêtes. Les châtelains en firent, eux, des cloisons mobiles pour former plusieurs chambres dans leurs vastes salles. Ces tapisseries venaient alors, pour la plupart, de Flandre ou d'Italie. Mais, peu à peu, cette dernière contrée se spécialisa dans les tissus brodés de soie et d'or, principalement à Venise et Florence, et Arras prit une supériorité pour les tapisseries proprement dites.

Sa renommée, commencée au xive siècle avec la maison royale de Bourgogne, ne fit que s'accroître. Dès cette époque, les Italiens se servaient du mot *arraʒi* pour désigner les tapisseries faites de laine et rehaussées d'or, d'argent ou de soie, à l'imitation de celles « d'Arras ».

Un fait prouve la célébrité de cet art. En 1396, Jean, duc de Nemours, fait prisonnier par le sultan des Turcs, Bajazet, qui avait vaincu les chrétiens à Nicopolis, paya une partie de sa rançon en tapisseries d'Arras.

Déjà plus de cent ans auparavant, saint Louis avait envoyé en cadeau au kan des Mongols, une tente en tapisserie écarlate représentant l'Annonciation.

Le xve siècle fut une période de gloire pour l'artistique industrie, à Arras, et aussi à Bruxelles, sans parler de l'Italie où elle atteignit son apogée. On reproduisait alors des chasses, des fêtes, des expéditions guerrières, ainsi que le fit la reine Mathilde sur la fameuse tapisserie de Bayeux, dont il fut question au chapitre de la broderie.

Il a été conservé à la cathédrale de Berne un exemplaire de ces œuvres où l'on peut étudier le costume de l'époque. C'est, d'un côté, une jeune dame et un damoiseau, et, de l'autre, un seigneur accompagné de son page, d'un messager et d'un varlet qui tous, maîtres et serviteurs, sont vêtus des modes ridicules de l'époque où l'on mettait son honneur dans la « variance des habits ». Ils étaient, pour les femmes, si lourds, que leur corps en semblait surchargé, et que leur tête ployait sous le faix du chaperon, tandis que les pieds des hommes n'avançaient que péniblement derrière les « poulaines » qui doublaient leur longueur.

<h2 style="text-align:center">III</h2>

La vogue des tapisseries se maintint dans les siècles suivants, et s'accrut même à l'époque de la Renaissance. Les maîtres de la peinture ne dédaignèrent pas de prêter leur talent à ce genre de décoration. Ils préparaient des cartons, d'après lesquels on fabriquait des tapisseries. C'est ainsi qu'il en est de Jules Romain au musée du Louvre, et de Raphaël au musée anglais de South-Kensington.

Ce dernier artiste en fit aussi pour le Vatican.

L'Angleterre appelait alors « Arras » les tapisseries dont elle décorait ses riches appartements, et on laissait souvent un large espace entre ces tentures et les murailles. Cette mode permit au fils de Charles-Quint, Philippe, d'assister, caché derrière une tapisserie, à une entrevue entre la reine Elisabeth et Marie Stuart.

Les sujets les plus variés se traitaient alors : l'histoire, la fable, les fictions romanesques, l'allégorie, et tous les règnes de la nature fournissaient des motifs de décor.

La Flandre fonda une école donnant une grande importance aux paysages, aux plantes, et formant ce qu'on appela les « verdures flamandes », tandis que la France et l'Italie inauguraient les panneaux à décoration ornementale, genre qui devait être développé à l'excès au XVIIIe siècle.

Nos rois se plurent à favoriser l'extension de cet art vraiment remarquable, attirant et retenant en France, par divers avantages, les ouvriers flamands et italiens qui avaient des connaissances spéciales sur la teinture des laines.

Ainsi, François Ier avait fondé la manufacture de Fontainebleau où des grands ouvrages, d'après les cartons de peintres, tels que le Primatice, s'exécutèrent d'une seule pièce. Henri IV créa divers établissements de tapisseries ; d'autres fabriques existaient dans l'hôpital de la Trinité, dans l'hôtel de la Maque, rue de la Tixanderie.

La reine, issue de la grande famille des Médicis, qui avait brillé en Italie à la tête de la Renaissance, aimait les beaux-arts. Protectrice de Philippe de Champagne et de Rubens, elle favorisa la fondation de la manufacture de tapisserie du Louvre (1604).

Les tapissiers du Louvre atteignirent une assez haute renommée pour être invités, vers 1625, à restaurer la manufacture de Florence. Au XVIe siè-

clé, Florence avait rivalisé avec les Flandres, grâce à Cômes de Médicis,
qui avait confié à des ouvriers flamands l'exécution des cartons composés
par les peintres italiens. Mais, depuis un demi-siècle, les ateliers florentins étaient en décadence. Un des meilleurs tapissiers du Louvre, Pierre
Lefèvre, avec quelques compagnons, se rendit à l'appel du duc de Florence, et, durant de longues années de travail sur les bords de l'Arno, tissa
pour le palais du prince un grand nombre de tentures remarquables :
Le Jour, la Nuit, l'Histoire de Laurent le Magnifique.

La manufacture royale du Louvre fut transférée à Chaillot en 1631 ; là
elle prit le nom de « La Savonnerie », qui fut plus tard réunie à la célèbre
grande manufacture « Les Gobelins », fondée par Colbert.

En effet, Louis XIV ne laissa pas la tapisserie en dehors des bienfaits de
sa protection ; Colbert acheta l' « Hôtel des Gobelins », situé à l'extré-
mité du faubourg Saint-Marcel. Là, sous François Ier, un teinturier de
Reims, Gilles Gobelin, avait installé avec son frère, sur les bords de la
Bièvre, des ateliers pour la teinture des laines. Ces frères Gobelins
avaient fait faire de grands progrès à l'industrie de la teinture, et leur établissement était devenu célèbre. Colbert y installa des ouvriers et des
artistes ; lui, qui avait su arracher à Venise des ouvriers miroitiers pour
Saint-Gobain, obtint aussi des Flandres quelques-uns de ses célèbres
tapissiers. Le Brun, un des plus illustres peintres du grand siècle, reçut la
direction de la nouvelle manufacture, qui réussit merveilleusement, ainsi
qu'en témoignent les suites admirables qu'on peut voir à Versailles, exécutées d'après les cartons de Le Brun, Van der Meulen, etc.

Dès le début du règne de Louis XIV avait été également fondée la
manufacture de Beauvais ; celles d'Aubusson et de Felletin, qui dataient
de la fin du moyen âge, suivirent le mouvement de progrès de l'époque.

La tapisserie à l'aiguille eut, elle aussi, un grand succès au XVIIe siècle.
Les dames de la cour se prirent d'un beau zèle pour imiter sur le canevas
les décors des grandes manufactures. Saint-Simon raconte dans ses
« Mémoires » que Mme de Maintenon assistait au conseil du roi sa tapisse-
rie à la main. En dignes émules de leur royale maîtresse, les élèves de
Saint-Cyr s'appliquèrent si bien à ce genre de broderie, qu'elles donnè-

rent le nom de leur établissement au point le plus fin. Le château de Pau possède un écran fait au « point de Saint-Cyr » par ces jeunes filles.

Pendant le xviii° siècle, la prospérité des manufactures françaises de tapisserie se prolongea ; les goûts luxueux de la noblesse et le bien-être croissant de la bourgeoisie à cette époque assuraient le succès des riches tentures et des beaux meubles. Les Gobelins travaillèrent d'après les modèles de Bérain, de Boucher, d'Oudry. Les ateliers de la Marche reproduisaient des cartons de Boucher, avec des laines d'une solidité et d'un éclat de coloris incomparables.

<h2 style="text-align:center">IV</h2>

Après avoir souffert du désordre et de l'anarchie de la France sous la Révolution, l'industrie de la tapisserie redevint florissante au xix° siècle.

La manufacture des Gobelins travailla pour les palais des différents princes qui se succédèrent à la tête de la France. Aujourd'hui, les Gobelins, manufacture de l'Etat, conservent à la France la gloire de ses magnifiques tentures si justement célèbres par la valeur du dessin, la beauté du coloris et la perfection de la facture. Les sujets sont principalement des représentations historiques ou allégoriques. Lorsque la France veut offrir un cadeau au chef d'une grande nation, elle puise tout d'abord dans le trésor des Gobelins.

La manufacture de Beauvais, elle aussi manufacture de l'Etat, conserve sa juste renommée ; elle excelle dans la reproduction des paysages, des fleurs, des natures mortes.

Les antiques ateliers d'Aubusson et de Felletin forment une entreprise privée ; leurs métiers sont à basse lisse comme ceux de Beauvais, et font surtout la tapisserie pour meubles.

A l'étranger, les tapisseries les plus renommées sont celles de Bruxelles et d'Oudenarde en Belgique, de Bergame et de Turin en Italie ; ces villes conservent la vieille célébrité des tapisseries flamandes et italiennes.

La tapisserie à l'aiguille est loin d'être abandonnée de nos jours ; pendant le xix° siècle, ce fut un ouvrage de salon fort prisé. Dans presque toutes les familles, on rencontre une chaise, un coussin, un bandeau de

cheminée exécuté par l'aïeule, la maîtresse de maison ou même par quelque fillette ; car c'est généralement sur le canevas que l'enfant apprend à
manier l'aiguille.

La tapisserie à l'aiguille est un métier artistique, et aux amateurs elle
permet d'exécuter des décors d'ameublement, dans une foule de points
produisant des effets aussi riches que variés. Les tentures et meubles en
tapisserie forment au foyer un ornement des plus riches et des plus
artistiques.

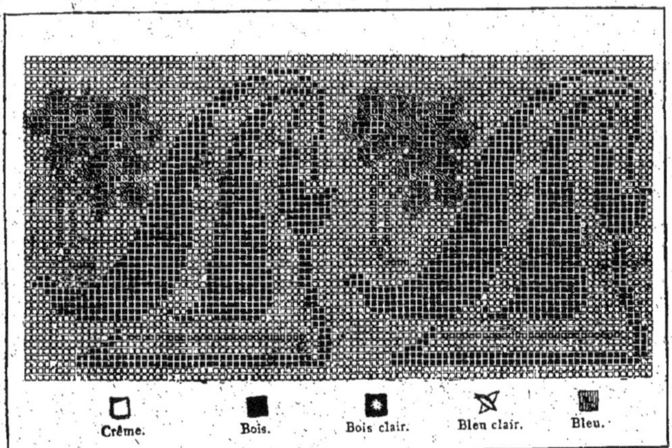

Modèle de bordure en tapisserie.

II. — INDICATIONS PRATIQUES POUR L'EXÉCUTION DE LA TAPISSERIE

Préparation et exécution : Étamine et canevas Pénélope. — Laines et soieries. — Conseils de
préparation à l'exécution. — Finesse de travail et harmonie des couleurs. — Variété de
sujets. — Utilité de la connaissance du dessin et de la peinture. — Les divers points :
Point de croix simple et point de Saint-Cyr. — Point des Gobelins, droit, oblique, large,
empiétant. — Point de croix allongé. — Le point de riz. — Le point de Smyrne. — Le point
contrarié. — Le point de nattes. — Le point de Paris. — Le point de Florence. — Le point
de mosaïque. — Le point de Milan. — Le point de Hongrie. — Le point byzantin. — Le point
Jacquard. — Le point de tiges. — Le point d'étoiles. — Le point noué. — Point de tissage.
— Point Renaissance. — Le point de coquilles.

PRÉPARATION ET EXÉCUTION

Il serait oiseux de redire que la « tapisserie à l'aiguille » consiste
à passer des fils de laine ou de soie à travers les mailles d'un
tissu appelé canevas (d'un mot italien ou normand signifiant :
chanvre), avec une aiguille à tête large et à pointe émoussée.

On sait également qu'il y a deux sortes de canevas : le canevas simple ou étamine empesée, à fils réguliers, et le canevas Pénélope à fils tissés deux par deux.

La plupart des tapisseries s'exécutent avec des laines de couleurs différentes ; avec la soie, on obtient des ouvrages plus riches et plus délicats. Dans les tapisseries de laine, la soie s'emploie souvent pour les figures ou pour les parties les plus éclairées. Il faut soigneusement assortir la nuance des laines et des soies au genre du dessin choisi, et leur grosseur à celle du canevas. On peut aussi tapisser avec des cotons de couleur.

La tapisserie à l'aiguille est employée aux mêmes usages que la tapisserie au métier, c'est-à-dire principalement pour l'ameublement : tentures, fauteuils, chaises, bandes de rideaux, banquettes, bandeaux de cheminée, tabourets, etc. ; et aussi pour de petits objets, tels que rouleaux de serviettes, pantoufles, pochettes, dans lesquels s'exerce l'adresse naissante des enfants.

Pour ces travaux de peu d'importance, il n'est besoin d'aucun montage, tandis qu'il est préférable, au contraire, pour exécuter de grandes pièces, de se servir du métier en bois, monté sur pieds, appelé « métier à tapisserie ».

Avant de commencer une tapisserie, on doit avoir soin d'ourler son canevas sur le côté qui n'aurait pas de lisière ; on place toujours les lisières à droite et à gauche de l'ouvrage, soit pour le tendre sur le métier, soit pour l'exécuter à la main.

Il est bon aussi, avant de commencer un sujet, et pour être sûr qu'il ne penchera d'aucun côté, de jalonner les points du canevas avec un fil de couleur lancé sur dix points et passé sous dix autres.

Si la beauté d'une tapisserie résulte de la finesse de l'exécution, elle dépend aussi du coloris des laines et des soies, et de la valeur des dessins. C'est pourquoi il faut assortir les laines et les soies en vue de produire des effets harmonieux et riches.

Dans les tapisseries en fantaisies régulières ou en zigzags, comme dans le point de Hongrie, tout heureux résultat réside dans la gamme des nuances.

Le choix des dessins en tapisserie est très varié, car son antiquité permet d'aborder tous les styles, depuis les motifs de décoration égyptienne jusqu'aux fantaisies de l'art nouveau.

Bordure au point de marque en deux couleurs.

Deux modèles d'application sur tulle pour mouchoirs.
(2/3 grandeur naturelle.)

Pour les ouvrages simples, avec un peu de dessin et de goût, on peut composer et teinter soi-même des motifs géométriques ou de fleurs stylisées. Les décorations doivent être conçues largement sans trop de détails.

Pour les grands ouvrages, bien que la connaissance du dessin ne soit pas absolument indispensable, il est aisé de comprendre qu'il est d'un grand secours, si l'on veut se distinguer dans l'art de la tapisserie.

Même sans vouloir préparer soi-même des sujets originaux, il est des copies qui nécessitent une habitude de la ligne et même de la couleur. On calque bien un motif en le plaçant sous le canevas et en traçant ses contours d'un trait de crayon ; mais il faut un certain talent pour donner à ces grands traits ce qui leur manque et obtenir l'effet ornemental visé par la tapisserie.

Si l'on aborde par exemple les fleurs d'après nature, ou les paysages, les personnages d'un tableau, il ne suffit pas, pour les bien interpréter, de copier servilement, on doit savoir, avec des laines moins souples et moins variées que les couleurs, obtenir des effets décoratifs agréables.

Aussi, lorsqu'on doute de soi, est-il préférable d'exécuter les belles tapisseries qu'on veut entreprendre, d'après de vieux meubles, d'anciens panneaux ou des modèles tout échantillonnés.

LES DIVERS POINTS

Le point de croix simple. — C'est le plus connu de tous les points de tapisserie, comme le fondement de tous les autres. Il se compose de deux parties, l'aller et le retour, qu'il faut avoir soin de faire toujours dans le même sens. On commence généralement de gauche à droite, en prenant deux fils en hauteur et deux fils en largeur. Pour passer verticalement d'une ligne de points à une autre, on descend sous quatre fils droits.

Quand le brin de laine ou de soie est trop gros pour le canevas, on ne fait que la moitié de ce point : on lance son fil sur toute la longueur de la ligne, de droite à gauche, et on le ramène en faisant le *demi-point de croix* seulement.

Dans les **tapisseries au point de croix**, les figures et les chairs se font au *point de Saint-Cyr* ou petit point, ressemblant à la moitié du point de croix, mais sur un seul fil du canevas.

Le point des Gobelins. — Il en existe plusieurs sortes, qui toutes ne se recouvrent pas :

1° *Le point Gobelin droit*, commençant par la gauche, on prend verticalement deux fils en hauteur, en laissant un fil d'intervalle entre deux points.

2° *Le point Gobelin oblique* couvre obliquement un fil vertical du canevas et deux fils horizontaux.

3° *Le point Gobelin large*, recouvrant obliquement deux fils verticaux et trois fils horizontaux, en avançant toujours chaque fois d'un fil de canevas.

4° *Le point Gobelin empiétant* consiste à lancer d'abord des points obliques sur cinq fils de hauteur et un fil de largeur. Cela pour la première rangée. La seconde commencera quatre fils seulement en dessous de la première et ira chercher son cinquième fil entre chaque brin du tour précédent, d'où le nom d'*empiétant*.

Ces points font très bon effet sur des fonds d'une certaine dimension.

Le point de croix allongé. — Il se fait comme le point de croix ordinaire, mais en prenant, à l'aller comme au retour, deux fils doubles du canevas en hauteur et un seul en largeur. On obtient ainsi un point long et étroit qui ne demande que la moitié du temps exigé par le point de croix ordinaire.

On peut en varier les effets en contrariant les croix, ou en exécutant un point de piqûre horizontal sur le milieu de la croix.

Le point de riz. — On fait d'abord un point de croix de quatre en quatre fils. Puis avec une laine ou une soie plus fine que la première et qui peut être d'une autre couleur, on coupe chaque angle du point croisé par un petit point à cheval.

Le point de Smyrne ou *point du diable.* — Il se prépare comme le précédent par un point de croix de quatre en quatre fils, puis on ramène l'aiguille en bas entre les deux points pour la piquer verticalement en haut et la faire ressortir à gauche au milieu du point, d'où on lance la laine en travers, de façon à former une croix droite sur la croix oblique.

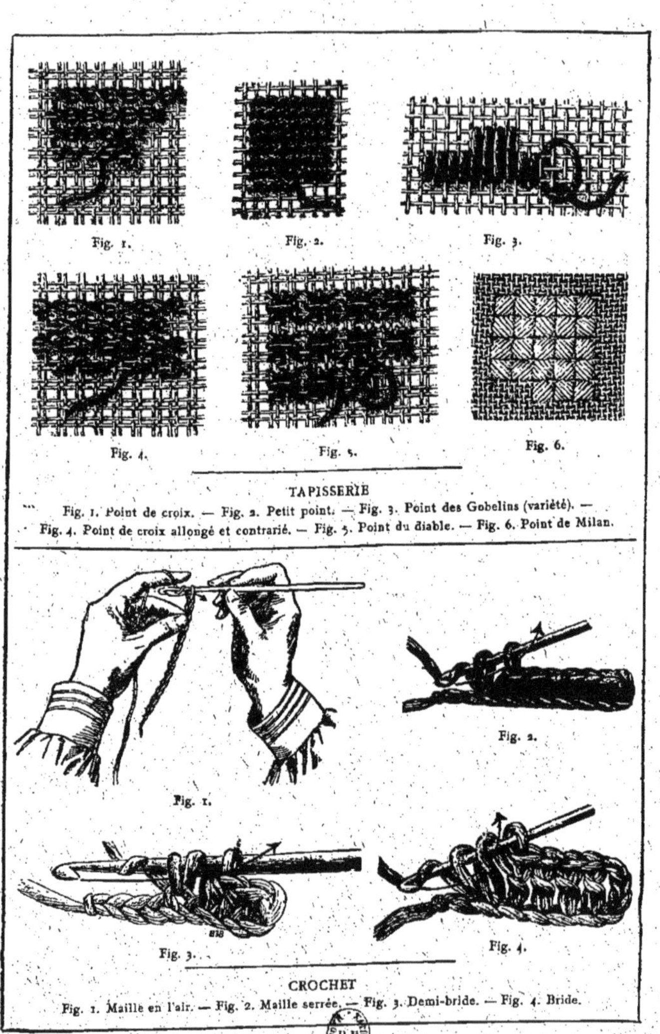

TAPISSERIE

Fig. 1. Point de croix. — Fig. 2. Petit point. — Fig. 3. Point des Gobelins (variété). —
Fig. 4. Point de croix allongé et contrarié. — Fig. 5. Point du diable. — Fig. 6. Point de Milan.

CROCHET

Fig. 1. Maille en l'air. — Fig. 2. Maille serrée. — Fig. 3. Demi-bride. — Fig. 4. Bride.

Le point contrarié. — Il dérive du point de Smyrne, mais on exécute alternativement une croix oblique et une croix droite, et les croix qui surbrodent les premières sont faites contrairement une fois droites et une fois en biais : les points sont donc « contrariés ».

Le point de nattes. — C'est une sorte de point de chausson dont toutes les parties se touchent au lieu d'être écartées. Il recouvre quatre fils en largeur et deux fils en hauteur.

Le point de Paris. — C'est un point qui convient surtout quand on veut laisser voir l'étoffe à travers les points du fond de l'ouvrage ; il s'exécute en lançant son fil de bas en haut par dessus six fils du canevas ou autre tissu pour former un grand point. L'aiguille doit ressortir à droite, sous les deux fils horizontaux qui sont au milieu de ce grand point, afin d'en former un petit recouvrant verticalement ces deux fils. Elle ressort à nouveau deux fils plus bas pour refaire un second grand point qui sera suivi d'un autre court et ainsi de suite.

A la seconde rangée, on opère de même, mais en mettant les points longs sous les courts, et *vice versa*.

Le point de Florence. — Il procède des mêmes principes que le point de Paris, mais s'exécute en biais ; le grand point s'exécute sur deux croisements.

Le point de mosaïque. — Il ressemble au précédent ; c'est-à-dire qu'il se fait également en biais avec un mélange de points longs et courts ; mais la disposition en est différente et se trouve combinée de façon à former un carré qui se juxtaposera ensuite à d'autres carrés de couleurs semblables ou diverses.

Pour former ce carré, on fait d'abord un point court, puis un long, qui aboutira horizontalement et verticalement à la pointe du premier. Trois courts contre le long continueront l'augmentation. Deux grands contre celui-ci alterneront avec cinq petits et trois grands qui marqueront la pointe du carré, et la moitié du travail par conséquent. Il n'y aura plus qu'à diminuer progressivement comme on avait augmenté.

Le point de Milan et le *point au passé.* — Le point de Milan se traite également en biais et par des lancements inégaux. On commence par un petit point sur un croisement du canevas, puis sur deux, sur trois, etc. On obtient ainsi un petit triangle d'une même couleur, et l'on peut faire le suivant qui s'emboîte dans le premier, d'une couleur différente. D'une manière analogue, on obtient des losanges. Si, au lieu d'être faits en biais, ces losanges sont faits horizontalement et avec des couleurs graduées, c'est alors le point au passé ; on peut le séparer au moyen d'un point arrière, qui en change encore l'effet.

Le point de Hongrie. — C'est un point lancé, tantôt grand, tantôt petit, modifié d'après les exigences du dessin. On le fait en ton uni ou en teintes dégradées.

Le point byzantin. — Il donne à un fond l'aspect d'une (offe brochée par ses ondulations bien faciles à obtenir. Il se compose de six points gobelins obliques, horizontaux, et du même nombre de points verticaux, le point d'angle comptant pour la rangée horizontale comme pour la rangée verticale. Toutes les rangées sont conformes à la première.

Le point Jacquart. — Il commence comme le byzantin ; mais chaque rangée de ces gobelins sur deux fils doubles alterne avec une autre, exécutée sur un seul fil double de canevas.

Le point de tiges. — Il produit aussi de petites ondulations très gracieuses. Il s'obtient en lançant le fil obliquement par-dessus deux fils doubles dans le sens de la hauteur, et en continuant ainsi verticalement toute une rangée. La seconde s'exécute en sens contraire, et ainsi de suite. Lorsque les rangs sont terminés, on les relève en mettant au milieu d'eux un point arrière de couleur différente. Tous ces points à fils lancés se prêtent à une foule de combinaisons par leur mélange dans les fonds. Ainsi en mettant entre chaque ligne de points de tige une ligne verticale de points hattés, on donne l'impression d'un plissé étendu sur le fond.

Le point au passé, formé de carrés en biais, encadré d'un petit point d'une autre couleur, produit des zigzags d'un effet original.

Les fonds de carrés à points plats, s'ils sont faits de deux couleurs différentes et que les fils du carré clair soient lancés dans un sens contraire à celui du carré foncé, formeront un damier en relief tout à fait joli.

Le point d'étoiles. — On fait encore des fonds en *étoiles;* chaque étoile est composée de huit brins partant d'un même centre pour couvrir un carré de quatre fils ; la moitié des brins sera lancée aux angles, c'est-à-dire obliquement, et l'autre moitié dans les intervalles de ceux-ci. Une étoile se pose en ligne près d'une autre, et les rangs sont tous réguliers.

Le point noué. — D'autres fonds s'exécutent au point noué ; pour ce point, on lance le fil qui brode par dessus deux fils du canevas en largeur, et six fils en hauteur. Puis, on fait ressortir verticalement l'aiguille quatre fils plus bas, on couvre d'un point oblique fait sur deux fils en largeur, le milieu du lancé, qui se trouve de la sorte comme noué. L'aiguille redescend aussitôt au niveau du premier point lancé, pour en faire un second ; et ainsi de suite, tout le long d'une ligne.

Pour la seconde ligne, on ne descend verticalement que quatre fils plus bas, parce que le lancement du long point sur six fils du canevas doit empiéter de deux fils sur le rang précédent, entre chaque point duquel le point inférieur doit se placer.

Le point de tissage. — Très original encore est ce point qui demande peu de temps à exécuter. Il se fait en biais. On commence par lancer son coton ou sa laine en diagonale sur la longueur que l'on veut broder, et l'on revient fixer ce fil par un point de piqûre, qui va du milieu d'un croisement de canevas Pénélope à un autre milieu.

Au tour suivant, les points se trouvent contrariés ; aussi l'ensemble des points produit l'effet du tissage.

Le point Renaissance. — Il a quelque rapport avec le précédent, mais se fait dans un sens opposé.

En effet, c'est un fil horizontal que l'on tend sur une ligne, comme pour le demi-point de croix ; puis, on le recouvre, non pas obliquement, mais par un point de piqûre absolument vertical, entre chaque ligne du canevas.

Le point de coquilles. — C'est, parmi les points de tapisserie, un des plus riches, et produisant le plus d'effet.

On commence par lancer son fil verticalement et en allant et venant, par dessus six fils doubles, en passant son aiguille à chaque bout sous l'un de ces doubles fils. Lorsque quatre brins sont ainsi posés, on vient piquer l'aiguille à la hauteur de leur centre pour le recouvrir d'un arrière-point qui ne prend qu'un double fil du canevas et fait former aux quatre brins lancés primitivement un faisceau ressemblant à ceux des broderies à jour.

Un carré de canevas reste libre entre chaque faisceau. Il va devenir le cœur de la coquille. Pour exécuter celle-ci, il suffira de prendre un brin de laine ou de soie d'une couleur différente et de le tourner deux fois autour du vide, en passant l'aiguille sous chaque lien du faisceau.

Il ne reste plus alors qu'à garnir par des points de piqûre horizontaux, faits de deux en deux fils, l'espace compris entre chaque ligne de faisceaux.

Le véritable triomphe, (page 78).

TROISIÈME PARTIE

LA DENTELLE

IL faudrait la plume et les manchettes de M. de Buffon pour parler de la dentelle en termes aussi élégants que le comporte le sujet. Mais c'est plutôt chez d'autres écrivains que nous trouverions l'art d'aiguiser sa plume aux subtilités du langage, aux fioritures de la pensée, aux mignardises de la phrase. Barbey d'Aurevilly était de ces ouvriers délicats, lui qui poussait l'amour de la dentelle jusqu'à en porter à ses cravates bleu de ciel, lui qui souvent écrivait une même page avec des encres de différentes couleurs, selon la valeur des mots.

On a fait aussi de la dentelle en architecture : l'art gothique ne représente-t-il pas une dentelle de pierre avec ses clochers ajourés, ses clochetons, ses rosaces, ses ogives enchâssant les dessins les plus capri-cieux?

La dentelle est, en somme, l'art le plus raffiné qui existe ; c'est de la miniature à l'aiguille ; c'est l'illusion transparente et légère, et pourtant plus durable parfois que le marbre et le bronze, par cette raison, sans doute, qu'on en prend plus de soin.

Le fond et le décor de la dentelle sont également dus au travail de l'ou-vrière : c'est la différence essentielle avec la broderie qui est un ouvrage exécuté sur un tissu emprunté. Cette différence était bien rendue par le vieux terme italien, « punto in aere », c'est-à-dire « point en l'air », employé autrefois pour désigner les dentelles, du moins celles à l'ai-guille. Notre mot « dentelle » provient, paraît-il, de ce que les premières dentelles furent bordées de festons en forme de « dents ».

Les dentelles se divisent en deux genres principaux : les dentelles à l'aiguille ou « points » et les dentelles aux fuseaux. Quelques genres secon-daires se font au crochet, telle la dentelle d'Irlande, et la frivolité se fait avec une navette.

I. — HISTOIRE DE LA DENTELLE

Incertitude de l'origine de la dentelle. — Flandre et Italie. — Reticella. — Le costume et la dentelle sous Charles VI. — Au XVI⁰ siècle : la mode des fraises. — Les cols Médicis ; la dentelle sous Louis XIII. — Les trois mille robes de la reine Elisabeth. — Edits somp-tuaires ; saint François Régis et les dentellières du Puy. — Manches, poignets, cravates et palatines sous Louis XIV. — La passion de la dentelle : Madame de Puisieux. — Den-telles de Venise, d'Alençon ; points d'Espagne, d'Angleterre. — Ornements d'autel. — — Points d'Argentan et de Sedan, de Bruxelles.— Point de rose. — Dentelles aux fuseaux : Valenciennes, Malines, Chantilly. — La dentelle au XIXe siècle. — Grands centres de l'industrie dentellière en France : l'Auvergne, guipures du Puy, dentelles d'or et d'argent d'Aurillac, de Craponnes. — La Lorraine : Mirecourt. — La Normandie : Caen et Bayeux. — Chantilly. — Dentelles de Lille et d'Arras ; Luxeuil. — Dentelles étrangères : Venise, Saxe. — Mantilles espagnoles. — La dentelle mécanique. — Enseignement de la dentelle. — Initiative privée et industrie dentellière.

N ne sait pas bien quand, ni en quels lieux, cet art prit nais-sance. On le dit connu des Romains, mais ayant cessé pendant les invasions du V⁰ siècle, pour ne se relever que bien plus tard, en Belgique et en Italie.

Les Flamands commencèrent à se faire connaître dans ce genre au moyen âge, et, des Flandres, l'art se répandit en Angleterre, en France et en Espagne.

Venise et Gênes eurent leurs dentelles dès la même époque. La Venise des Doges et des patriciens, où affluaient les plus riches tissus du monde, les velours de Gênes et de Scutari, les tapis d'Orient, les soies aux couleurs brillantes, et toutes les richesses de l'univers, ne pouvait se passer de ces œuvres légères à jeter sur les pesantes étoffes, de ces guipures qui donnaient au costume son dernier éclat et sa suprême élégance.

Cet amour de la dentelle, les Vénitiens l'ont poussé jusque dans l'art de couler et de modeler le verre. Ils ont fait et font encore de la dentelle de verre, ou peu s'en faut.

Les dentelles à l'aiguille les plus anciennes sont celles qu'on appelle « reticella » d'un mot italien indiquant que le « point coupé » (que nous avons vu à la broderie) aurait été l'origine de l'industrie dentellière.

On commençait par établir, sur un chassis, un réseau à jour dont les fils, par leurs entrecroisements variés, dessinaient différents motifs parfois assez compliqués. Un lambeau de « quintin », —de ce tissu dont il a été question dans l'histoire de la broderie, — était collé sous le réseau, et on l'y fixait à l'aiguille en contournant toutes les fleurs ou parties d'ornements qui devaient rester pleines et blanches. Le travail se terminait par une découpure de la toile superflue, comme on fait de nos jours pour l'application sur tulle. Ce procédé primitif n'était pas absolu, car on l'exécutait parfois sur la toile même et sans y appliquer le réseau, et alors les jours étaient bien moins nombreux. D'autres fois, on faisait le remplissage des fleurs, ou dessins divers, sur le réseau même, sans interposition de toile, et le travail acquérait de ce fait son plus haut degré de transparence et de légèreté.

Les difficultés de fabrication du point coupé obligeaient à ne le composer que par petites pièces carrées, qu'on était obligé d'assembler ensuite pour orner les immenses fraises, dont la mode s'était répandue partout, et les larges collets, que l'on portait également

Lorsqu'il s'agissait de composer des nappes d'autel, on encadrait chaque fragment dans des interstices de toile unie, ce qui avait le double avantage de faire ressortir les motifs, tout en diminuant leur nombre.

La dentelle, cette élégante et légère parure qui semble devoir être l'inséparable ornement des toilettes féminines, ne fit son apparition en France que sous le règne de Charles VI, sous la forme de hautes ceintures que les femmes portaient, enserrant la lourde houppelande ou le surcot collant ; ces ceintures, faites de soie tressée ou d'un réseau de fil d'argent appelé « bisette », donnèrent la première idée de la dentelle.

Notre musée de Cluny possède un bonnet de l'empereur Charles-Quint garni de dentelles des premières années du XVIᵉ siècle.

L'Italie, qui avait importé en France, au XVIᵉ siècle, tant d'inventions fastueuses, contribua à propager parmi nous, avec la mode des fraises, l'usage et le goût de la dentelle.

Les rois et les reines de France donnèrent à la dentelle toutes leurs faveurs. Henri III, qui, pour cacher son cou endommagé, avait inventé la fraise si énorme, qu'elle devint un des ridicules de la toilette, la voulut bientôt garnir de dentelles. On peut se demander quelle quantité il en fallait pour garnir les bords de ces collerettes à plusieurs étages, goudronnées en tuyaux d'orgue. Ainsi attifé, il n'était plus possible de tourner la tête à droite ou à gauche. A peine pouvait-on manger. Aussi raconte-t-on qu'un jour où Marguerite de Valois dînait chez le roi son frère, cette princesse fut obligée d'envoyer chercher une cuiller ayant un manche de deux pieds (66 centimètres) de long pour goûter à son potage.

Le règne de Henri IV, avec les robes aux riches « cols Médicis », collet de plusieurs rangs dont le dernier dépassait la tête, et les avant-bras recouverts, appelés « rebras », ne fut pas moins favorable à la dentelle.

Sous Louis XIII, les hommes s'en paraient autant que les femmes. Le grand col plat avait alors remplacé la fraise ; et il était tantôt bordé d'une haute dentelle, tantôt tout en guipure. Dans *Cyrano de Bergerac*, le peu guerrier comte de Guiche dit aux cadets de Gascogne qu'il semble leur déplaire « de voir sur sa cuirasse un col en point de Gênes...

Le goût des dentelles prenait les proportions les plus effrénées. L'Angleterre rivalisait avec la France. On dit que la reine Elisabeth, morte en 1603, ne laissa pas moins de 3,000 robes garnies de dentelles. Plus tard, Charles Ier reçut une note portant 900 mètres de dentelles pour une garniture de cols et manchettes.

Les lois somptuaires, qui proscrivaient l'usage des étoffes précieuses, des broderies d'or et de pierreries, n'avaient pas parlé de la dentelle. Comment le législateur aurait-il prévu qu'avec un peu de fil et de simple toile des mains ingénieuses produiraient une parure qui dépasserait en valeur celles qu'on interdisait et en remplacerait la vogue ? Il fallut de nouvelles mesures pour arrêter l'essor de ce nouveau luxe. En 1629, un édit défendait : « toute broderie de toile et fil, et imitation de broderie, rebordements et filets en toile, découpures sur quintin et autres linges, points coupés, dentelles, passements et autres ouvrages de fil, ni aux fuseaux, pour hommes et pour femmes. » Cela ne suffit pas, car un second édit sur la matière dut être promulgué une trentaine d'années plus tard.

Cet édit de 1629 mentionne les dentelles aux fuseaux. En effet, les fuseaux se croisaient sous les doigts d'une foule d'ouvrières dans les Flandres, et aussi en Auvergne, ainsi qu'en fait foi le service rendu à la corporation des ouvrières de ce pays par saint François Régis, qui est demeuré pour ce fait le patron des dentellières du Puy.

C'était en janvier 1640, à l'époque où ces édits somptuaires paraissaient un peu partout en France ; le sénéchal du Puy avait fait publier, par tous les carrefours de cette ville, une ordonnance du Parlement de Toulouse défendant, sous peine de grosses amendes, « à toutes personnes, de quelque sexe, qualité et condition qu'elles fussent, de porter sur les vêtements aucune dentelle, tant de soie que de fil blanc, ni passement, ni clinquant d'or, ni d'argent fin ou faux ». Les motifs de cette décision étaient, disait-on, la difficulté de trouver des domestiques, parce que toutes les femmes s'occupaient de la dentelle ; et puis aussi parce que « l'usage de cet ajustement faisait disparaître les nuances de distinction entre les grands et les petits ». Ce fut, on le comprend, une véritable déception pour toute la population féminine qui vivait de cette industrie, autant que pour ceux qui en faisaient le trafic. On pleura, on se lamenta, et nombre d'ouvrières se trouvèrent réduites à mendier leur pain. Un jésuite, qui se trouvait alors au Puy, où il inspirait confiance et vénération, le père Régis, ayant reçu les plaintes de ces malheureuses, commença par leur donner des paroles de consolation, en leur faisant espérer la cessation de cet état de choses. Il partit pour Toulouse, et fit si bien qu'il obtint la révocation du funeste édit. Son bienfait ne s'arrêta pas là. Grâce à son intervention, les jésuites ouvrirent au commerce de l'Auvergne des débouchés en Espagne et dans le Nouveau-Monde. C'était assurer à la fabrication une grande prospérité, et elle se maintint jusqu'à la Révolution.

Le véritable triomphe de la mode des dentelles fut le règne de Louis XIV avec les costumes à tours de manches, poignets, cravates et palatines. C'est à cette époque brillante que l'on fabriqua le tulle ou tul (suivant l'orthographe ancienne). Il était confectionné dans les casernes par les mains rudes des soldats, qui l'allaient offrir et vendre eux-mêmes. Les dentelles de tous genres, depuis la « gueuse » et la « neige », pour les petites gens, jusqu'aux chefs-d'œuvre dispendieux d'Alençon et de Valenciennes étaient employés pour chamarrer les corsages et les jupes.

Plusieurs grandes dames se ruinèrent en ce genre de parure. Saint-Simon cite dans ses « Mémoires » une certaine Madame de Puisieux dont la passion était telle que, non contente d'en porter, elle en voulait manger. « Cette dame, dit-il, avait la singulière manie de ronger les dentelles dont elle ornait sa tête ; et elle y dépensa cent mille écus en une année... »

Les plus belles dentelles employées par les rois et les seigneurs jusque vers 1660, furent les dentelles de Venise. Pendant les XVI⁰ et XVII⁰ siècles, Venise en produisit deux genres : ce fut d'abord une dentelle plate, à décors réguliers, formés par des dessins géométriques répétés, et représentant la dentelle naissante, se distinguant peu à peu de la broderie blanche. Au XVII⁰ siècle, la dentelle de Venise atteignit son apogée : grands dessins de fleurs fantaisistes, inspirés par l'art oriental; ces des-

sins sont rehaussés par des reliefs de gros festons appelés « brodés »,
renflés au milieu et amincis aux extrémités ; des barrettes à boucles
relient les ornements : c'est le Venise proprement dit, dont la richesse est
la note caractéristique. Ces anciennes guipures de Venise ont un peu de
lourdeur, mais elles sont d'un si beau et si solide travail qu'on les garde
comme de précieux bijoux.

Le merveilleux talent des dentellières de Venise faisait affluer dans leur
ville des sommes énormes : c'était autant de perdu pour les nations étrangères. Les édits, mentionnés plus haut, restaient impuissants contre le
charme des fameuses dentelles. Colbert comprit que le meilleur moyen
de retenir l'argent français en France, c'était de faire exécuter dans le
royaume des œuvres comparables à celles de la cité des Doges. Déjà, dans
l'Orne, surtout à Alençon, on s'efforçait de copier le fameux point, et,
en 1665, plus de 8,000 personnes travaillaient à la dentelle. Colbert fonda
une société à laquelle il remit les fonds nécessaires pour établir des
manufactures de dentelles à Alençon et dans quelques autres villes où les
femmes faisaient de la broderie et de la dentelle : Sedan, Reims, Auxerre,
Aurillac... Pour hâter la réussite de son projet, Colbert attira en France,
malgré la rigueur des lois vénitiennes, trente habiles ouvrières. C'était
employer le même moyen que celui par lequel il dota la France des belles
manufactures de Saint-Gobain, pour les glaces, et des Gobelins, pour les
tapisseries. Le ministre installa les dentellières dans un château aux environs d'Alençon, sous la direction de Mme Gilbert, et, bientôt, la France
produisit des dentelles susceptibles de rivaliser avec les guipures d'Italie :
mais, Venise conserva la gloire d'avoir trouvé le beau point, dont les
plus célèbres dentelles françaises sont des imitations. Louis XIV assura
la prospérité des manufactures royales en décidant que leurs produits
s'appelleraient « points de France » et seraient un ornement obligé des
costumes de cour.

C'est dans les couvents que furent faites les plus jolies dentelles d'Angleterre, d'abord, et d'Espagne ensuite. Celles d'Espagne sont encore les
plus riches, les plus étonnantes, les plus recherchées dans les collections,
mais elles n'ont pas toujours pour la toilette féminine la grâce et la légè-

reté du point d'Angleterre. On employait les dentelles pour orner les autels, l'aube des prêtres, les manches des surplis, et, dans la presqu'île ibérique, comme en Italie, on en garnit les robes des madones, robes nombreuses, dentelles plus nombreuses encore, si bien que certaines de ces statues eurent une garde-robe des plus riches et une grande dame attachée à leur service.

De Louis XIV à la Révolution, on porta des dentelles en jabot, en cravate et en manchettes. A cette époque, on préféra les dentelles avec fond en mailles ou réseau.

Le point d'Alençon, notre dentelle la plus belle, changea alors ses barrettes à picots, reliant les dessins, pour son réseau caractéristique de mailles hexagonales, c'est-à-dire à six pans, exécutées au point de feston. Les dessins suivirent le goût de l'époque, devinrent plus légers et plus naturels ; chaque motif fut entouré d'un point formant feston dans lequel était introduit un fil de crin.

Les points d'Argentan et de Sedan furent très recherchés. Le point d'Argentan se distingue du point d'Alençon par son réseau à mailles tortillées, non festonnées. La Flandre produisit son fameux point de Bruxelles qui est la dentelle de lin la plus précieuse. L'application d'Angleterre, faite de motifs à l'aiguille appliqués sur un fond de tulle, fut appréciée également ; c'est une sorte d'imitation du point de Bruxelles. Une vraie royauté est acquise à cette dentelle, ainsi qu'au riche point d'Honiton, dans le Devonshire.

Venise trouva à cette époque un nouveau point, le « point de rose », dentelle plus légère que le Venise à gros reliefs du siècle précédent.

Malgré les progrès et les transformations des dentelles à l'aiguille, on peut dire que, vers 1750, les beaux «points», si prisés au XVIIe siècle, furent détrônés par les dentelles aux fuseaux. Les opulentes guipures de Venise et de France s'harmonisaient à merveille avec les costumes solennels, aux couleurs sombres, de la cour du grand roi ; mais les souples volants qui sortaient des métiers des Flandres convenaient mieux aux modes coquettes du XVIIIe siècle : tissus Pompadour, aux fleurettes légères et aux couleurs tendres ; robes à paniers, retenus par des nœuds de ruban.

Mouchoir orné de dentelle Renaissance
(2/3 grandeur naturelle.)

La ville de Valenciennes nous apporta la dentelle des Flandres. Faite de fil blanc, la Valenciennes a un réseau à petite maille carrée, très régulière et dont le point croisé a une solidité que ne pourrait faire prévoir sa légère apparence.

Auprès de la Valenciennes apparaît la « Malines », fabriquée surtout entre Malines, Anvers et Louvain. C'est une dentelle très légère, très souple, à petites mailles rondes, jolies et transparentes, et qui s'assortit admirablement à la gaze et à la mousseline. La « Malines » fit les délices de nos aïeules, dont elle ornait d'une façon si seyante les coiffures mêlées aux cheveux blancs. Aujourd'hui encore, elle est loin d'être méprisée.

On faisait aux environs de Paris des dentelles ordinaires : la gueuse, la bisette, la campane, le point de champ et la mignonnette, qui est une sorte de « blonde » de fil sur fond de tulle. Au XVIII° siècle, la petite ville de Chantilly, avec ses environs, devint le centre de ralliement des dentellières de l'Ile-de-France, et produisit des dentelles de soie qui eurent un grand succès : « Chantilly blancs », et « Chantilly noirs », les plus renommés; avec leur fond de tulle très clair, fin réseau de losanges semé et surtout bordé de très beaux motifs.

⁎

Durant la tourmente de la grande Révolution, un grand nombre d'ateliers de dentelles furent ruinés et certains ne rouvrirent jamais. Ainsi, l'industrie de la Valenciennes cessa dans la ville dont elle conserve le nom. Elle subsiste dans les provinces belges qui, seules, s'y livrent encore, ainsi qu'à Bailleul, petite ville de la frontière. C'est à Ypres qu'on fait les plus fines.

Peu à peu, d'autres centres reprirent de l'activité. On a gardé le souvenir d'une certaine robe sortie de la fabrique d'Alençon et exposée en 1859, qui ne valait pas moins de 200,000 francs. Napoléon III, en ayant fait l'acquisition pour l'impératrice, celle-ci la fit transformer en rochet pour l'offrir au pape Pie IX.

Une seule pièce du point d'Argentan est tellement difficile à produire,

6

qu'elle doit passer dans les mains de plusieurs ouvrières avant d'être entièrement terminée.

Parmi les belles collections de dentelles intéressantes à visiter pour qui aime la dentelle, citons celle du musée de Cluny, à Paris, celle du musée de la soie, à Lyon, etc. Dans certaines collections, il existe des dentelles de plusieurs siècles qui atteignent, pour les amateurs, des prix fabuleux.

En France, outre Alençon, il existe actuellement trois grands centres de production, donnant un nom générique aux dentelles qu'elles fabriquent :

1° L'Auvergne, qui est regardée comme la province de France où l'industrie de la dentelle est la plus ancienne et la plus considérable. En effet, elle est répandue dans les quatre départements du Puy-de-Dôme, du Cantal, de la Loire, et principalement de la Haute-Loire, où il y a près de cent mille dentellières, représentant presque la seule industrie féminine.

L'Auvergne est demeurée à travers les ans la terre classique de la vraie guipure, faite par bandes où s'alignent des dessins géométriques de carrés, de rosaces, d'étoiles, toujours gracieusement agencés. Au Puy, on travaille alternativement, et, avec une merveilleuse aptitude, le lin, la soie, la laine, le poil de chèvre, et jusqu'à celui du lapin angora

Aurillac continue à produire les dentelles d'or et d'argent qui ont fait jadis sa réputation, et Craponne fabrique pour l'ameublement des guipures en gros fil d'un extrême bon marché et d'un très bel effet.

2° La Lorraine, qui produit principalement la « dentelle de Mirecourt ».

La dentelle de Mirecourt — Mirecourt est une ville des Vosges — a un peu le même genre que les guipures d'Auvergne ; mais elle est d'une qualité plus fine que celles du Puy.

3° La Normandie, avec les dentelles de Caen et de Bayeux. La Normandie est le centre de fabrication des « blondes » ou dentelles de soie plates, blanches, parfois noires ou de diverses couleurs. Ce genre de dentelle tire son nom de ce que, dans le principe, elle s'exécutait avec de la soie non teinte et qui était alors jaune pâle. Les plus belles blondes portent le nom de Chantilly, bien qu'elles ne s'y fabriquent plus. La Suisse, la Saxe, la Hollande et Milan en produisent également. La Normandie ne se contente pas de la dentelle de soie ; près de Bayeux, on fait une dentelle blanche, en fil fin, qui a beaucoup de rapport avec la Malines.

Signalons en passant les dentelles de Lille et d'Arras, comme étant aussi du même genre.

Il convient de citer également le « Luxeuil », dentelle produite par la ville de ce nom, dans la Haute-Saône, et très estimée, quoique moins précieuse que les précédentes.

Avec la France, la Belgique, et ensuite l'Italie, sont toujours les pays les plus importants pour la dentelle.

Aujourd'hui encore Venise garde sa renommée. On sait qu'autour de cette ville s'étendent d'immenses lagunes d'où émergent des îlots ; c'est là que des ouvrières exécutent d'admirables objets. Burano, petit village aux environs de Venise, est le plus important foyer de fabrication dentellière des lagunes vénitiennes. On a pu voir à l'exposition de 1900 un précieux spécimen des travaux de Burano : une voilette de tulle blanc, bordé d'un simple dessin courant, avait demandé à l'ouvrière un an de travail. En Italie, la dentelle doit beaucoup à la reine Marguerite : voulant réagir contre l'abandon de cette parure féminine, elle a réuni la plus belle des collections existantes. Secondée par les grandes dames de son entourage, elle entreprit une étude complète de l'histoire de la dentelle et de ce qui s'y rapporte. Elle alla, dit-on, jusqu'à visiter les tombeaux des plus anciens couvents de son pays pour y retrouver des vestiges de ce luxe de jadis. Son but était moins encore un attrait artistique que le désir d'encourager une fabrication qui pouvait donner l'aisance et le bien-être à des provinces déshéritées.

Une des collections les plus complètes et les plus curieuses est celle des Papes, faites de tous les cadeaux de la chrétienté, et surtout des envois des rois d'Angleterre, des rois d'Espagne, et des doges de Venise. Les princes romains avaient aussi des collections merveilleuses, et un édit les obligeait à les montrer au public avec leurs tableaux et leurs marbres.

Les dentelles de Saxe jouissent, elles aussi, d'une vraie renommée.

Les dentelles d'Irlande, au crochet, plus lourdes, font pourtant aussi bonne figure.

Quant à l'Espagne, elle a, semble-t-il, perdu le secret de ses inimitables dentelles; on n'y fait plus que la blonde des mantilles, qu'on imite un peu partout. La mantille même s'y meurt, sous l'invasion de nos modes françaises.

La vraie dentelle, la dentelle faite à la main, à l'aiguille ou aux fuseaux, a une terrible rivale dans la dentelle mécanique qu'on produit à si bon marché. Importée d'Angleterre en France en 1817, cette fabrication se concentra pour la plus grande partie à Calais et à Saint-Pierre-lez-Calais. De là, elle rayonna à Lille, Douai, Roubaix, Saint-Quentin, etc. D'autre part, Lyon se créa une spécialité de dentelles fabriquées au métier Jacquard.

Les dentelles à la machine ont les mêmes avantages et les mêmes inconvénients que la broderie mécanique : elles mettent à la portée de toutes les bourses de gracieux ornements, mais elles n'ont ni la beauté ni la solidité du travail à la main.

Au point de vue économique, les imitations de dentelles firent un tort considérable aux campagnes qui vivaient du travail à la main, occupant des milliers d'ouvrières. Cependant, l'art de la vraie dentelle ne saurait être trop encouragé, car outre qu'il est une source de richesse pour certaines provinces et une gloire pour le pays, il a l'avantage de retenir chez elles les ouvrières qui s'y adonnent. On l'a compris en haut lieu ; nous avons vu, en Italie, la protection accordée à la dentelle par la reine Marguerite ; en France, une loi votée en 1903 a prescrit l'enseignement de la dentelle dans les écoles des régions spéciales à cette industrie : le Calvados, l'Orne, l'arrondissement de Valenciennes, les Vosges, une partie de l'Auvergne, le Nord et ailleurs encore.

Dès qu'elles sauront lire, les petites filles apprendront à faire passer et repasser les légers fuseaux sur le coussinet piqué d'épingles, ou à faire virevolter l'aiguille sur les fils tendus, à nouer des points légers, à courir d'un point à l'autre pour tendre des fils d'araignée, et à broder, sur le tout, des fleurs, des rinceaux et des festons.

Pour un tel métier, il faut des doigts de fée et aussi des yeux de lynx. On a raison de propager cet enseignement professionnel dans les écoles ; la prospérité de certains départements y est intéressée.

La mode facilite cet effort en multipliant l'usage de la dentelle qui demeure l'ornement de tout ce qui est joli et délicat, et comme le sceau de l'élégance féminine.

Plusieurs femmes d'élite, dans un sentiment de bienfaisance, se sont mises à parcourir les provinces où la dentelle était en faveur, et ont fondé des œuvres d'assistance par le travail où la dentelle a une large part. En Bretagne, en Normandie, en Auvergne, en Touraine et même à Paris, ces œuvres donnent d'excellents résultats en assurant un gain supplémentaire à une foule de femmes et de jeunes filles, qui font de la dentelle chez elles.

C'est ainsi que, dans le Calvados, d'habiles ouvrières, sous la direction de la marquise de Piennes, s'appliquent à reproduire les vieux points de France, devenus si rares. La belle dentelle d'Irlande aux points fins se fait à Pont-l'Abbé. Vannes copie les beaux points de Venise, et aussi Saint-Just-en-Chevalet, dans la Loire. A Concarneau, pour remédier à la crise des pêcheurs de sardines, une œuvre s'est organisée pour enrôler même les jeunes garçons dans la fabrication de la dentelle. A Paris, l'œuvre de Sainte-Blandine a pour but le blanchissage, la réparation et la transformation des dentelles anciennes. Enfin, il ne faut pas oublier Mme de Marmier, comme directrice de nombreux ateliers qu'elle a créés dans différentes régions, et auxquels elle a assuré des débouchés commerciaux importants.

L'initiative privée, se joignant ainsi aux efforts publics, on peut espérer voir conserver aux dentelles de France cette vieille renommée, s'attachant à la richesse des points et au fini de l'exécution.

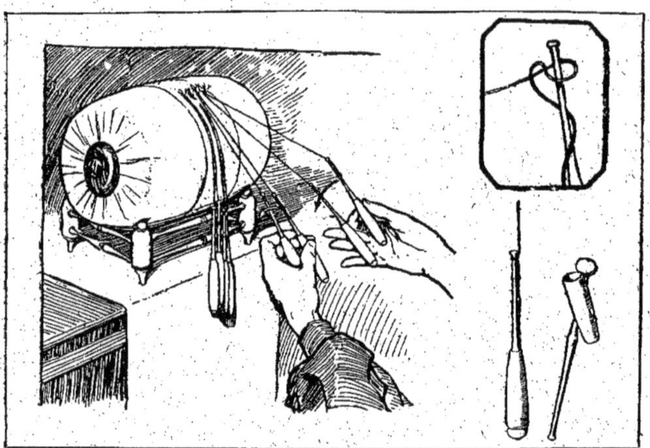

Métier pour dentelle aux fuseaux. — A droite, en bas, un fuseau;
— en haut, nœud pour attacher le fil au fuseau.

II. — Indications pratiques pour l'exécution de la dentelle

Matériaux : Le lin, le coton, la soie. — Outils : L'aiguille, les fuseaux et le métier. — Préparation : Dentelles à l'aiguille, calque du dessin, dentelles aux fuseaux. — Différents points : Dentelles à l'aiguille : les brides cordonnées, doubles, festonnées, à feston double. — Point de tulle simple, point de tulle double, point perlé, point de Milan, croisillons avec roues, point de toile. — Dentelles aux fuseaux : tourner, croiser, natter.

Matériaux

Les matières nécessaires à l'exécution de la dentelle sont peu nombreuses ; on emploie principalement le fil de lin, et aussi le coton et la soie ; leur grosseur varie naturellement suivant le genre du travail.

Fil de lin. — Le fil de lin est le fil le plus utilisé en dentelle, surtout pour les dentelles à l'aiguille. Pour les dentelles fines, il faut du fil de lin de première qualité.

La culture du lin, de cette plante délicate à jolies fleurettes d'un bleu gris, est une des richesses agricoles des départements du nord de la France et de la Belgique. La belle qualité du lin des Flandres fut une des causes de la perfection atteinte par la dentelle dans ces régions, et aujourd'hui encore le fil de ces contrées est le plus recherché pour la dentelle.

Comme pour les fils à coudre, la fabrication mécanique a remplacé le travail à la main pour le filage du lin à dentelle. Les quenouilles sont aujourd'hui une curiosité de musée, ce qui n'est peut-être pas sans dommage pour la qualité du fil, et par conséquent de la dentelle.

Les fils à dentelle existent par séries de grosseurs différentes depuis le n° 25, le plus gros, jusqu'au n° 500, le plus fin. Il faut assortir avec soin la grosseur du fil au genre de la dentelle et à la nature du dessin.

Fil de coton. — Le coton s'emploie fréquemment aujourd'hui pour l'exécution de beaucoup de dentelles. L'invention du tulle mécanique a beaucoup aidé à cet emploi du coton au lieu de lin ; il faut, bien entendu, un fil de coton de très bonne qualité.

Le genre de coton, dit coton mercerisé, est utilisé pour quelques dentelles. Le nom de ce coton vient de l'inventeur du procédé, nommé Mercier ; ce procédé consiste à imprégner le coton d'une solution de soude caustique pour lui donner du brillant.

La soie. — Un certain nombre de dentelles, Chantilly, blondes, s'exécutent avec de la soie, soie blanche, soie noire, soie de couleur. Lyon, la ville de la soie, produit de belles soies à dentelles.

Les fils d'or ou d'argent s'emploient dans certains genres de dentelles.

Pour la dentelle Renaissance, on emploie des lacets, fabriqués généralement en Angleterre. Il en est en fil et en coton, de formes et de couleurs différentes : blancs, écrus, jaunes ou noirs ; larges ou étroits, gros ou fins, avec ou sans lisières à jour ; les uns sont droits, d'autres ont des formes fantaisistes.

OUTILS

L'outillage de la dentelle à l'aiguille est peu compliqué ; il faut simplement de bonnes aiguilles à dentelle, aiguilles ordinaires, longues, de grosseur assortie au fil employé.

Pour la dentelle aux fuseaux, on doit se procurer plusieurs instruments spéciaux : un métier, des fuseaux, un bobinoir, des patrons, des épingles, une aiguille à piqueter.

Le métier, composé généralement d'une planchette recouverte d'un rembourrage très doux et enveloppé par un morceau de drap, porte, selon les régions qui l'emploient, le nom de *carreau*, *tambour*, *coussin* ou *oreiller*. Sur ce métier, on place une bande soit de papier bleu ou vert, soit de parchemin, où se trouve indiqué le dessin que la dentellière doit suivre.

Le travail se fait au moyen de fuseaux de bois très lisses, divisés en trois parties : *la poignée*, *la casse* et *la tête*.

Le nombre des fuseaux est variable suivant la hauteur de la dentelle à faire et la complexité des points.

Quelquefois, et dans le Velay tout particulièrement, ce petit matériel très simple est coquettement orné. Il sera tout pomponné de nœuds de rubans, et couvert d'une armée d'épingles à tête de cire de couleurs très variées.

Le *bobinoir* sert à mettre le fil sur la bobine ou *casse* du fuseau. La tête de celui-ci est destiné à le retenir à l'aide d'une entaille circulaire qu'elle porte à sa base.

Dès que le fuseau sera assez chargé, une boucle terminale, faite en dessous, se placera dans cette rainure, et sera laissée assez lâche pour permettre d'allonger le fil suivant le besoin, tout en l'empêchant de se dérouler de lui-même.

Lorsque tous les fuseaux qu'on doit employer sont ainsi garnis, on les accouple deux par deux en nouant les fils.

Le patron, accessoire indispensable, consiste en un dessin reporté sur un carton ou sur du parchemin, et dont certaines parties sont piquetées, afin d'indiquer les endroits où doivent être placées les épingles qui arrêtent les fils au fur et à mesure qu'on avance dans son travail.

On trouve ces cartons tout préparés chez les merciers ; mais il est facile d'opérer soi-même ce piquetage, en posant son dessin sur une couche de drap épais et en perforant avec l'aiguille à *piqueter,* — grosse aiguille placée dans un petit manche — chaque point imprimé sur le carton.

Les *épingles* ne servent pas seulement à maintenir le croisement des fils, elles aident aussi à former les picots. On doit les choisir longues, non en acier, mais en métal blanc, pour éviter la rouille. Leur grosseur s'assortit à la grosseur du fil.

PRÉPARATION ET EXÉCUTION

Dentelles à l'aiguille. — Pour installer son ouvrage, il faut d'abord de la toile cirée. On trouve dans le commerce ce qu'on appelle la toile à calquer, qui est une sorte de toile cirée blanche et transparente, laquelle permet de copier aisément les dessins qu'on veut exécuter. Pour cela, on pose le côté verni sur l'original, de façon à pouvoir suivre à l'encre de Chine sur le côté mat, tous les contours qu'il s'agit de relever. On évite ainsi les procédés de décalque, bien qu'on puisse employer ceux de la broderie.

Il existe dans les magasins de travaux de dames des modèles tout dessinés sur toile. On n'a plus qu'à les doubler d'un tissu de couleur qui empêche la fatigue de la vue.

On applique alors sur tous les contours du dessin un, deux ou plusieurs fils destinés à supporter les points à l'aiguille. Ce bâti est fixé sur la toile par de petits points de piqûre exécutés de loin en loin, et qui seront coupés une fois la dentelle achevée. Dans la dentelle Renaissance, ces fils de bâti sont remplacés par un lacet.

D'une façon générale, la dentelle à l'aiguille se confectionne en exécutant d'abord le dessin ; les fonds à brides ou à mailles de tulle se font après.

La dentelle aux fuseaux. — Suivant la forme de son métier, la dentellière le place sur ses genoux, sur une table ou sur un pied. Elle fixe au sommet du patron les fils des fuseaux noués ensemble, et commence, en maniant les fuseaux des deux mains, la reproduction du dessin.

Que l'ouvrière fasse simplement une copie, ou qu'elle invente la den-

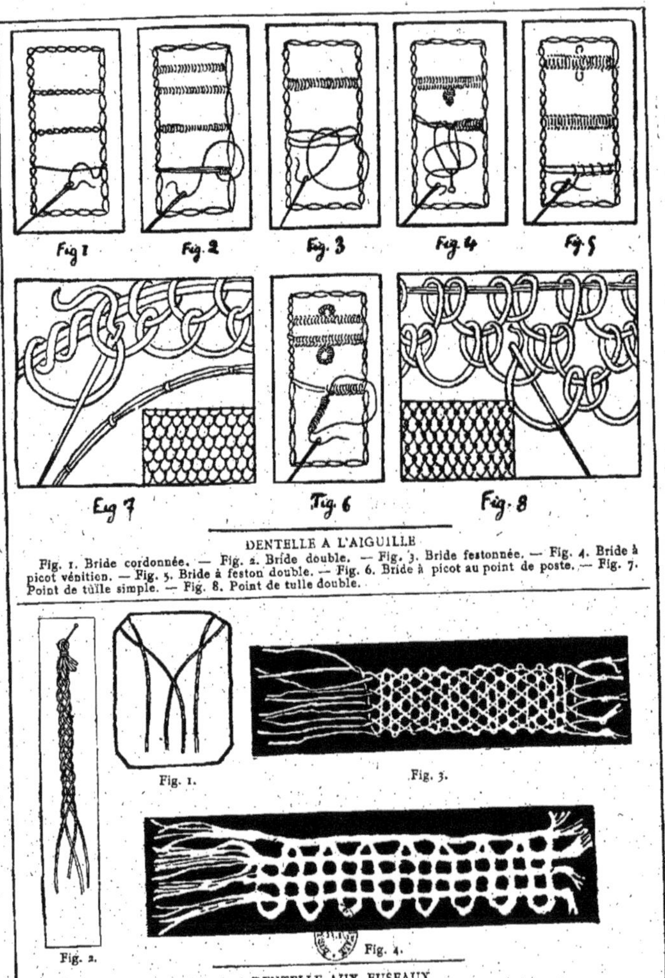

DENTELLE A L'AIGUILLE

Fig. 1. Bride cordonnée. — Fig. 2. Bride double. — Fig. 3. Bride festonnée. — Fig. 4. Bride à picot vénition. — Fig. 5. Bride à feston double. — Fig. 6. Bride à picot au point de poste. — Fig. 7. Point de tulle simple. — Fig. 8. Point de tulle double.

DENTELLE AUX FUSEAUX

Fig. 1. et 2. Fils tournés, puis croisés. — Fig. 3. Point de grille. — Fig. 4. Dentelle.

telle qu'elle exécute, il lui faut, dans tous les cas, posséder forcément un sens artistique et déployer, en plus de beaucoup d'habileté, une attention soutenue de tous les instants.

Admirons donc sans réserves, la patience et l'infatigable activité des dentellières, l'étonnante rapidité avec laquelle elles font manœuvrer leurs fuseaux, sans bouger leur corps, ni relever leur tête. Cette adresse et cette rapidité ont toujours captivé l'attention des voyageurs qui ont pu voir, dans les Flandres, ou dans les provinces françaises du Centre, ces artistes féminines si agiles, assises, durant la belle saison, sur le pas de leur porte, et occupées attentivement à leur silencieuse et belle besogne.

DIFFÉRENTS POINTS

Dentelles à l'aiguille. — C'est sur le point de feston et le point de boutonnière que reposent principalement les constructions variées des points de dentelles.

Il faut aussi mentionner le point de reprise et le point tortillé, souvent employés dans les dentelles modernes.

Expliquons d'abord l'exécution des « brides » :

Les *brides*, qu'on nomme encore *barrettes*, sont des fils lancés, puis recouverts d'un point de broderie, destinés à réunir entre eux les motifs du dessin.

Ces fils ne doivent avoir que juste la tension nécessaire, afin de ne pas déformer les lisières des lacets.

Les brides sont cordonnées, doubles, festonnées, avec ou sans picots, ou garnies d'un feston double.

Brides cordonnées. — Dans la bride cordonnée, un seul fil tendu se recouvre d'un surjet assez serré pour lui donner l'aspect d'un cordonnet. Ce point se continue le long de la lisière jusqu'à l'endroit marqué pour la bride suivante.

Brides doubles. — Les brides doubles se font, soit en lançant trois fils sur lesquels s'exécute un surjet à points plus espacés, — soit en n'en tendant que deux que l'on recouvre d'un point de reprise.

Brides festonnées. — Pour la bride festonnée, on tend de même deux ou trois fils qu'on enlace ensuite d'un point de feston, en allant de droite à gauche. Les professionnelles exécutent ce travail avec le chas de l'aiguille ; ce petit procédé, souvent employé pour les brides et les jours, évite d'accrocher les fils avec la pointe de l'aiguille.

Si à cette bride on veut ajouter un picot, il faut, après avoir festonné les fils tendus jusqu'à l'endroit où doit figurer ce picot, former, avec son fil, une bouclette qu'on arrête avec une épingle ou avec le pouce.

Un point de feston fortement serré retient cette boucle ; on termine ensuite le feston de la bride.

Il arrive qu'on festonne la boucle, c'est alors un *picot vénitien.*

Il se fait aussi des *picots au point de poste :* arrivé à l'endroit du picot, on pique l'aiguille dans le dernier point de feston, et on enroule le fil une dizaine de fois autour de l'aiguille. On tire son aiguille, et on fixe la boucle sur le feston.

Enfin, on peut faire des picots festonnés, qui ne sont autres choses que de petites brides rondes posées au milieu de la bride principale.

Après avoir dépassé le milieu de cette dernière, on ramène son fil quelques points en arrière, et on forme une boucle comme pour une bride à bouton ; on la festonne toujours de droite à gauche, jusqu'à ce qu'on soit revenu au point de départ pour achever la barrette.

Brides à feston double. — Les brides à doubles points de feston s'opèrent en faisant d'un côté des fils tendus un feston à points assez espacés pour qu'on puisse festonner du côté opposé, en introduisant un point entre chaque point du premier rang.

Les brides servent de fond aux dentelles.

Le remplissage des dessins : grandes ou petites fleurs, feuilles, motifs géométriques, se fait par des points variés, dont il serait difficile de donner une liste complète, car ils sont fort nombreux. Nous n'indiquerons que les plus faciles.

Le point de tulle simple. — Il se fait au moyen de points de feston assez lâches pour former des boucles, dans lesquelles on place les points du tour suivant.

Le point de tulle double. — Il s'exécute comme le précédent, avec cette différence que l'on fait dans chaque boucle de feston, deux points de feston rapprochés.

Le point perlé. — Pour faire ce point, il faut tendre d'abord un fil horizontal, sur lequel on exécute autant de points de tulle simple que la longueur le comporte. A une petite distance, on lance un second fil, destiné à recevoir d'autres points de tulle faits en sens contraire des points du premier rang ; on aura soin de les placer bien en face les uns des autres. Le *perlé* n'est autre chose que le raccord de ces points fait par un surjet lâche, qui passe trois fois dans les mêmes mailles, où il forme un petit pois, une sorte de perle.

Le point de Milan ou de *tulle noire*. — Il se rencontre souvent dans les dentelles Renaissance anciennes ; il est fait d'une boucle formée par un point de tulle simple, mais on noue, à une petite distance du repli, les deux boucles voisines par un point de feston. Il s'exécute comme le premier, en allant et venant.

Il existe dans tous ces points de tulle une foule de combinaisons.

Les croisillons avec roues ou *croix de Malte*. — On établit d'abord, par des fils placés verticalement et horizontalement, un fond de filet très régulier, mais sans qu'il y ait de nœuds à la jonction des fils.

En posant un troisième fil en diagonale, de manière à ce qu'il se rencontre à l'intersection des petits carrés, on a six rayons partant du centre. Un quatrième fil, d'une diagonale opposée, donnera le septième rayon permettant d'exécuter la roue. Puis, on passera en face de ce dernier pour former le huitième et se trouver en même temps au point que doit occuper la roue suivante.

Dans ce genre de points, il est aussi une foule de variétés.

On peut remplacer la roue par des croix de Malte, qui se font sur les huit diagonales, en les prenant deux par deux, pour les couvrir au point de reprise, en partant du centre. Parvenu en haut, on repasse l'aiguille dans l'épaisseur du point, afin de se retrouver au milieu pour recommencer une autre branche de la croix.

Un croisillon peut encore être orné par quatre picots au point de poste formant rosace.

On fait aussi des croisillons avec point noué à la rencontre des fils horizontaux et verticaux.

Le point de toile. — On l'établit en posant des fils d'un bord à l'autre d'un motif du dessin ; il faut les poser plus longs ou plus courts, selon les besoins des courbes du dessin. La même chose s'observera dans le croisement.

Ce point sert généralement de fond à quelque point fantaisie qui se détache en relief.

Ces points fondamentaux permettront, avec un peu de goût, d'exécuter une grande diversité de jours à dentelle.

Dentelles aux fuseaux. — Le travail aux fuseaux, sauf quelques rares exceptions, se fait avec quatre fuseaux : deux dans chaque main, et c'est par la façon de tourner et de croiser les fils qu'on parvient à faire les différents points.

Tourner ou tordre, c'est passer chaque fuseau de droite par-dessus le fuseau de gauche de la même paire, mouvement qui se fait avec une seule main.

Croiser, c'est passer le fuseau intérieur de la paire de gauche par-dessus le fuseau intérieur de la paire de droite, en laissant les fuseaux extérieurs immobiles. Ce mouvement demande donc les deux mains et les deux paires de fuseaux.

Quand on a tourné et croisé deux paires de fuseaux, on a formé une « demi-passée », et deux demi-passées composent une « passée double », ou plus simplement « une passée ».

La première de ces demi-passées peut varier dans la forme, tandis que la seconde reste toujours égale. Elle se fait en tournant une fois les deux paires de fuseaux et en croisant les fuseaux intérieurs.

Natter, c'est former une tresse au moyen de quatre, six ou huit fils, toujours en nombre pair. Pour la natte à quatre, il suffit de tordre sur les bords, de droite à gauche, et de croiser dans le milieu, de gauche à droite.

Collet d'apparat en double point de Venise.

Ces expressions étant connues permettront de copier certains modèles dont on aurait la description.

De même que les points à l'aiguille dérivent presque tous du point de feston, de même les différents croisements de fuseaux se ramènent à quelques points très simples, d'où découlent tous les autres : points de corde, de grille, point torchon, etc.

Entre–deux et dentelle aux fuseaux.

III. — Différents genres de dentelles

Dentelle Renaissance. — Reticella et vieux Venise. — Dentelles diverses. — Dentelles d'Auvergne. — Dentelles au crochet. — La « frivolité ». — Le « macramé ».

ES emplois nombreux de la dentelle et l'élégance de cet ornement en font un ouvrage féminin fort attrayant. Mais, les dentelles les plus renommées, points d'Alençon ou de Bruxelles, Valenciennes ou Chantilly exigent une habileté et une application que peuvent seules fournir, en général, des professionnelles formées par un long apprentissage et spécialisées dans un genre unique. Nous ne pouvons donc donner ici la technique de ces dentelles ; ce que nous en avons dit dans l'historique suffira, nous l'espérons, à les faire connaître et apprécier, et nous signalerons simplement ici aux

99

efforts de nos lectrices la dentelle Renaissance, le Venise ancien et la dentelle d'Auvergne ; nous dirons aussi quelques mots de la dentelle au crochet, de la « frivolité » et du « macramé ».

La dentelle Renaissance. — La dentelle Renaissance, appelée aussi dentelle irlandaise, a été inventée en France au xvii° siècle. Récemment, elle est redevenue très à la mode. On l'a beaucoup portée en grands cols et garnitures de rabats ; on l'emploie beaucoup aussi comme ornements de rideaux, de stores, etc...

Elle s'exécute par l'assemblage de lacets qui s'ajustent selon les lignes d'un dessin donné ; l'intérieur des motifs du dessin est rempli de points de dentelle ; les lacets, qui cernent ces motifs, se raccordent entre eux par des brides.

Les dessins géométriques et les ornements de fleurs simples, telles que l'églantine, la tulipe, le lis, etc., font également bien en Renaissance. Dans la composition du dessin, il faut éviter les grands intervalles qui réclameraient de trop grandes brides et terminer le bord de la dentelle par des lignes formant une découpure agréable. Autant que possible, il faut obtenir un dessin formé par le déroulement d'une ligne continue, afin d'éviter de couper le lacet.

Pour exécuter la dentelle Renaissance, on coud d'abord le lacet, à points réguliers, plus longs en dessus qu'en dessous, sur les contours du dessin, formés de deux lignes parallèles, laissant entre elles un espace de la largeur du galon.

Quand les lignes du dessin décrivent des courbes, le bâti devra se faire sur la ligne extérieure, de manière à ce que le lacet puisse être froncé à l'intérieur. On ne s'occupe de ce fronçage que lorsque tout le galon est en place. Il faut alors, avec un fil très fin, cordonner d'un point de surjet l'intérieur de la courbe, qu'on réduit ainsi, en même temps, aux dimensions du dessin. On doit prendre bien garde de tirailler le lacet soit à droite, soit à gauche, car du soin de ce bâti dépend la netteté du travail.

Après avoir terminé la pose du lacet, on exécute les brides du fond, puis on remplit les différentes parties de l'ornementation avec des points de dentelle. Ces jours doivent être très variés et disposés avec goût.

La dentelle Renaissance s'exécute aussi sur fond de tulle ; le tulle évite l'exécution des barrettes de fond. On emploie de gros tulle ou du tulle de Bruxelles, suivant la destination de l'ouvrage.

On bâtit d'abord le tulle sur la toile du dessin, puis on place les lacets dont on surjette le contour intérieur. Il reste alors soit à exécuter dans les motifs des points de broderie au passé, soit à enlever le tulle de ces parties pour y travailler comme précédemment.

Dans ce dernier cas, le surjet qui entoure chaque découpage doit être très serré, pour assurer la solidité du travail.

Reticella et vieux Venise. — La dentelle « Reticella » ressemble à la broderie de point coupé ; c'est une imitation des premières dentelles de Venise, issues de ce genre de broderie, ainsi que nous l'avons expliqué. On l'emploie pour l'embellissement des mêmes objets que le point coupé.

Le « Venise ancien » est une dentelle très riche, fort goûté pour l'ameublement : écrans, rideaux. On en fait de gros, et aussi de très fins, qui peuvent servir à rehausser la toilette. On l'emploie seul, ou mélangé au filet, au point coupé. Motifs de fleurs, chimères, personnages, etc., peuvent être traités au point de Venise.

Dentelles diverses. — Tous les pays de l'Europe et même d'Asie font aujourd'hui de la dentelle ; l'Afrique et l'Amérique en produisent aussi quelques genres. Le caractère de chacune d'elles se distingue par des dessins, des points, des procédés d'exécution différents ; beaucoup sont accessibles aux personnes qui connaissent les points fondamentaux.

En Perse et en Asie-Mineure s'exécute une dentelle à « points noués », d'un joli effet dans l'ameublement.

La « dentelle de Smyrne », formée de petits dessins exécutés à l'aiguille et qui orne les vêtements des musulmanes, a l'aspect d'une passementerie.

Citons encore la dentelle danoise, dite « Hebebo », et la dentelle brésilienne ou « Sols ».

La dentelle « Ténériffe » est assez répandue ; ses rosaces sont d'un joli effet.

Dans certaines campagnes, on emploie, pour l'embellissement des coiffes, des dentelles de « tulle brodé ». Tel est le genre de dentelles qui ornent les « barbichets » du Limousin. Ces dentelles se font au point devant, sur du tulle de Bruxelles. On peut broder également le tulle grec, et mélanger au point devant les points de chaînette et de feston.

Dentelles d'Auvergne. — Les dentelles d'Auvergne les plus ordinaires sont d'une exécution assez facile ; les genres façonnés avec du fil fin sont le plus léger ornement qu'une femme puisse faire elle-même pour le linge de sa maison ; elle peut les employer également en garnitures de cols et de manchettes, de blouses de toile et de tabliers.

La composition des dessins pour dentelles aux fuseaux, soit des dessins géométriques, soit des dessins à fleurs, est assez difficile, car il faut régler les clairs et les mats de la dentelle d'après le piquage des épingles. Aussi, à moins de très réelles aptitudes, il est préférable de travailler d'après des patrons tout préparés.

Dentelle au crochet. — Aucune jeune fille n'est sans connaître le genre d'ouvrage appelé « crochet », qui tire son nom du petit instrument servant à le produire. Toutes ont fait certainement de ces ouvrages de laine ou de coton, d'exécution si facile et d'emplois si variés : pèlerines, cache-nez, cravates, etc.

Quels que soient la matière et le genre du crochet qu'on exécute, il n'existe, en réalité, qu'un seul point, puisque tout l'ouvrage est composé de boucles produites par le petit outil et enchaînées les unes dans les autres.

Nous ne voulons parler ici du crochet que dans la partie qui ressort vraiment de l'art, c'est-à-dire le genre dentelle.

Les dentelles au crochet les plus renommées sont les « dentelles d'Irlande », avec leurs fleurs en relief et leurs jolis dessins.

Les dentelles au crochet se font en coton ou en fil blanc, parfois de couleur.

La dentelle au crochet s'emploie dans l'ameublement (têtière, etc.), dans la garniture du linge, et pour la toilette (cols, rabats, etc.)

Quel que soit le travail auquel on se livre, le choix du crochet a son importance. Il doit toujours être bien assorti à la grosseur du coton ou du fil employé. Pour la dentelle, on emploie le crochet fin en acier : soit le crochet court, muni d'un petit manche, soit le crochet assez long, tout en métal.

Indiquons brièvement les mailles les plus employées :

1° On donne le nom de « jeté » au mouvement par lequel on fait passer le fil sur le crochet.

2° *La maille en l'air* s'entend de tout point de chaînette détaché, c'est-à-dire où le fil passe dans une boucle pour former un nouveau point.

3° *Les mailles serrées* sont celles où, introduisant le crochet de l'endroit vers l'envers dans la boucle supérieure d'un tour précédent, on lève une nouvelle boucle ; puis, jetant le fil sur le crochet, on le fait passer par ces deux boucles.

C'est un des points les plus importants du crochet ; car les différentes manières de faire suivre les tours de mailles serrées produisent les combinaisons les plus variées.

La façon la plus simple est celle qui remplit les pleins dans les dentelles, spécialement dans les imitations au crochet de la dentelle « reticella » et des motifs de guipure, et aussi dans l'Irlande, aux si riches effets.

Dans cette dernière, les mailles serrées servent encore à recouvrir un cordonnet spécial qui accentue la côte des dessins.

4° *Les petites mailles serrées* se font comme les précédentes, sauf qu'il n'y a point de jeté sur le fil et que, par conséquent, la boucle levée passe directement dans celle qui est sur le crochet.

5° *Les brides* ou petites baguettes s'appellent selon leur hauteur : bride courte ou demi-bride, bride simple ou ordinaire, bride double, triple, quadruple, etc., et bride croisée.

Pour la *demi-bride*, il faut passer le crochet dans la maille du tour précédent, comme pour la maille serrée ; mais après avoir jeté un fil avant son introduction. Un nouveau jeté permet de passer ensuite par les trois boucles.

La bride simple se fait comme la demi-bride, sauf qu'après avoir introduit le crochet et levé la boucle, on passe le nouveau jeté d'abord par deux boucles, puis on reprend le fil pour les deux autres. En résumé, le point se fait en deux fois, par deux mailles chaque fois.

Dans la *bride double*, on fait d'abord deux jetés et le point en trois fois, ainsi de suite pour les plus hautes.

La bride croisée donne un point à jour dans la dentelle. On fait les brides croisées les unes sur les autres, ou bien on les contrarie.

6° *Les mailles et brides au point de minute.* — Après avoir fait une chaînette très lâche, on enroule le fil plusieurs fois autour du crochet, que l'on pique dans la troisième ou quatrième maille de la chaîne. On fait un simple jeté pour lever une boucle, puis un second qui sert à faire passer le crochet par le fil enroulé autour.

Pour les brides au point de minute, on jette un plus grand nombre de fois le fil autour du crochet, afin d'augmenter la hauteur du point.

Ces points se placent les uns contre les autres sans laisser d'intervalle.

7° et 8° *Le point ananas* forme un relief qui peut s'utiliser dans la dentelle d'Irlande aussi bien que dans les ouvrages de laine ou de coton. — Nommons aussi le *point double*.

9° *Les picots.* — Les points dits « picots » servent à orner le bord des travaux au crochet, spécialement des dentelles. Il y en a de différentes sortes : petits et grands picots ronds, picots à mailles en l'air, picots de dentelle.

On peut encore avec le crochet traduire des dessins de tapisserie. Il n'y a pour cela qu'à faire des brides et des mailles en l'air, c'est-à-dire, pour chaque carré marqué sur le dessin, trois brides pour les pleins qui rendent le motif et une bride et deux mailles en l'air pour les jours qui forment le fond.

Cette reproduction des dessins de tapisserie au crochet peut se faire aussi et plus exactement par du crochet serré comportant plusieurs couleurs. Il se fait, soit avec des mailles serrées en allers et retours, soit avec des brides, en simples allers, c'est-à-dire en coupant le fil à chaque rang.

Pour changer de couleur, il est nécessaire de faire passer le nouveau fil (qui peut se glisser en dessous) par la boucle du fil précédent, laquelle se trouve ainsi serrée avec le fil de la nouvelle couleur.

Si on doit faire un ouvrage sans envers, il faudra, au lieu de glisser les fils en dessous, les faire passer entre les mailles.

La Frivolité. — La « frivolité » est une dentelle faite à l'aide d'une ou ou deux navettes formant des ronds ou des demi-cercles, dont les placements différents constituent toute la variété ; aussi place-t-on cet art autant dans la passementerie (où avec des fils de couleurs ou du gros coton elle produit un certain effet) que dans les ouvrages de dentelle.

On l'emploie comme garniture de linge, en galon, entre-deux, festons échelonnés, etc. Mélangée avec du crochet, on arrive à composer de délicates bordures dentelées. Il est donc bon de la connaître.

Les navettes à frivolité doivent être bien choisies ; elles sont en bois ou en os, formées de lames aux extrémités pointues ; entre ces deux lames on enroule le fil ; le fil embobiné doit être complètement couvert par les lames, afin de rester propre.

La « frivolité » se fait avec un fil cordonnet, de préférence du fil à dentelle.

Pour l'exécuter, on prend la navette de la main droite, le bout du fil entre le pouce et l'index de la main gauche. Le jeu de la navette et des doigts doit s'apprendre soigneusement ; comme pour le filet, comme pour le tricot, l'aspect du travail produit une impression de difficulté, mais avec de l'attention d'abord, de l'habitude ensuite, on arrive à une grande rapidité de travail.

Le macramé. — On a vu réapparaître, comme une invention nouvelle, un genre de travail très curieux et très ancien, mais qui était tombé

dans l'oubli : c'est le « macramé », mot qui signifie « nœud » en arabe,
ce qui semblerait indiquer que ce genre d'ornement est d'origine orientale.

Les peuples de ces contrées sont, en effet, d'une adresse merveilleuse
dans cette sorte de dentelle à nœuds ; ils en garnissent une foule d'objets,
surtout dans l'ameublement. A leur exemple, nous employons le macramé
aux mêmes usages que les passementeries fines, sous forme de bandes,
de galons et de franges. On peut même exécuter en macramé des objets
entiers, tels que coussins, carnassières, etc.

Le macramé se fait avec des fils ou des galons de toute nature : fil, coton,
laine, soie, or, etc., et de toute couleur.

L'exécution du macramé rappelle le maniement des fuseaux : comme
pour la dentelle aux fuseaux, en effet, le tissu ajouré résulte du croisement
des fils. Le macramé ne nécessite pour ainsi dire qu'un seul accessoire :
un coussin rembourré et monté sur bois. On le confectionne aisément soi-
même en utilisant quelque ancienne boîte qu'on remplit de débris de
ferraille pour faire le pied, qui doit être lourd, et en recouvrant coussin et
boîte d'une étoffe à la fois solide et facile à percer.

Certaines personnes se servent d'un rouleau de bois blanc, garni de plusieurs épaisseurs de drap, afin que les épingles puissent s'y enfoncer soli-
dement.

Avec des épingles assez fortes, il faut encore se munir d'un crochet, de
ciseaux, et d'un mètre pour mesurer la longueur des fils.

La première chose à apprendre dans le macramé, c'est l'exécution des
nœuds : nœud simple, nœud double ou nœud de Salomon, etc.

Les combinaisons les plus variées s'obtiennent avec les nœuds les plus
simples, dont la vue seule d'un modèle fournit le secret. Les franges les
plus riches et les plus compliquées s'en composent, soit à part, soit mon-
tées directement sur l'étoffe dans des dispositions parfois fort originales
et tout à fait artistiques.

On fait aussi avec le macramé des galons, des chaînes, des glands avec
grelots, fraises ou pendillons vraiment remarquables ; et on comprend

l'engouement qui se manifeste actuellement pour un travail qui demande si peu de peine pour de si agréables résultats.

« C'est en forgeant qu'on devient forgeron », dit le proverbe, proverbe qui s'applique aux gens de métier et aussi en partie aux artistes. C'est pourquoi nos lectrices, en exerçant leur goût et leur adresse, produiront de jolis travaux à l'aiguille, broderies, tapisseries ou dentelles.

FIN

DEUXIÈME PARTIE

LA TAPISSERIE

I. — HISTOIRE DE LA TAPISSERIE

II. — INDICATIONS PRATIQUES POUR L'EXÉCUTION DE LA TAPISSERIE

TROISIÈME PARTIE

LA DENTELLE

I. — HISTOIRE DE LA DENTELLE

FIN DE LA TABLE

ISLE. — Imp. Eugène Ardant et Cⁱᵉ